DE LA

LIBRE CONCURRENCE

EN MATIÈRE DE

PRODUITS PHARMACEUTIQUES

OU AUTRES

TOMBÉS DANS LE DOMAINE PUBLIC

DISSERTATION

SUR LA

PROPRIÉTÉ DES REMÈDES DITS SECRETS

Décret du 18 Août 1810. — Art. 3 Loi du 5 Juillet 1844

RÉPONSE AUX *ANNALES DE LA PROPRIÉTÉ INDUSTRIELLE*

(Livraison Mars 1860)

PAR **A. PELLOT**

AVOCAT A LA COUR IMPÉRIALE DE PARIS

PARIS

CHEZ L'AUTEUR, RUE MONSIEUR LE PRINCE, 63

ET A LA LIBRAIRIE LÉCRIVAIN ET TOUBON

Rue du Pont de Lodi, 5

1860

DE LA

LIBRE CONCURRENCE

EN MATIÈRE DE

PRODUITS PHARMACEUTIQUES

OU AUTRES

TOMBÉS DANS LE DOMAINE PUBLIC

DISSERTATION

SUR LA

PROPRIÉTÉ DES REMÈDES DITS SECRETS

Décret du 18 Août 1810. — Art. 3 Loi du 5 Juillet 1844

RÉPONSE AUX *ANNALES DE LA PROPRIÉTÉ INDUSTRIELLE*

(Livraison Mars 1860)

PAR A. PELLOT

AVOCAT A LA COUR IMPÉRIALE DE PARIS

PARIS

CHEZ L'AUTEUR, RUE MONSIEUR LE PRINCE, 63

ET A LA LIBRAIRIE LÉCRIVAIN ET TOUBON

Rue du Pont de Lodi, 5

1860

Librairie Lécrivain et Toubon, 5, rue du Pont-de-Lodi, 5

DE LA

LIBRE CONCURRENCE

EN MATIÈRE DE

PRODUITS PHARMACÉUTIQUES

OU AUTRES

TOMBÉS DANS LE DOMAINE PUBLIC

DISSERTATION

SUR LA

PROPRIÉTÉ DES REMÈDES DITS SECRETS

Décret du 18 Août 1860. — Art. 3, Loi du 5 Juillet 1844.

RÉPONSE AUX *ANNALES DE LA PROPRIÉTÉ INDUSTRIELLE*

(Livraison, Mars 1860)

Par **A. PELLOT**, avocat à la Cour impériale de Paris.

Le titre seul de cet opuscule indique assez qu'il s'agit d'une controverse intéressant aussi bien le jurisconsulte que le pharmacien et le corps pharmaceutique tout entier.

Sur cette question, depuis quelques années pendante devant les tribunaux, l'auteur a pris pour point de départ de sa discussion le texte d'un arrêt de la Cour de Cassation, en date du 31 janvier dernier (1860), et il s'attache à développer la doctrine qui en résulte et les conséquences qui en découlent. Cet arrêt a été rendu à propos d'un remède trop connu, le *Rob Boyveau-Laffecteur*; et, en outre de la discussion sur la libre concurrence en matière de tous produits pharmaceutiques en général, MM. les pharmaciens trouveront en particulier dans cette brochure des renseignements utiles et curieux sur ce médicament, *sa formule* et sur le droit qui leur appartient de faire une concurrence illimitée à son prétendu propriétaire, le docteur Giraudeau Saint-Gervais.

Abordant ensuite, avec M. Soubeiran (son *Discours de 1852 sur les remèdes secrets*), une question de police pharmaceutique, M. Pellot démontre qu'il n'est pas nécessaire de s'en tenir à de stériles doléances, et que, dans l'arsenal de la législation en vigueur, il y a, malgré la résistance ou l'inertie de l'administration, tout ce qu'il faut pour *réaliser pratiquement* les vœux de l'austère et courageux professeur de la Faculté de médecine de Paris.

PRIX NET : 3 FRANCS

La brochure sera envoyée contre un mandat de 3 fr. 15 c. sur la poste ou une maison de Paris.

S'adresser à la librairie **LÉCRIVAIN** et **TOUBON**, 5, rue du Pont de-Lodi, ou à **M. PELLOT**, rue Monsieur le Prince, 63.

Paris. — Typ. BEAULE, 10, rue Jacques de Brosse.

DE LA

LIBRE CONCURRENCE

EN MATIÈRE DE

PRODUITS PHARMACEUTIQUES OU AUTRES

TOMBÉS DANS LE DOMAINE PUBLIC

DE LA

LIBRE CONCURRENCE

EN MATIÈRE DE

PRODUITS PHARMACEUTIQUES

OU AUTRES

TOMBÉS DANS LE DOMAINE PUBLIC

DISSERTATION

SUR LA

PROPRIÉTÉ DES REMÈDES DITS SECRETS

Décret du 18 Août 1810. — Art. 3 Loi du 5 Juillet 1844

RÉPONSE AUX *ANNALES DE LA PROPRIÉTÉ INDUSTRIELLE*

(Livraison Mars 1860)

PAR A. PELLOT

AVOCAT A LA COUR IMPÉRIALE DE PARIS

PARIS

CHEZ L'AUTEUR, RUE MONSIEUR LE PRINCE, 63

ET A LA LIBRAIRIE LÉCRIVAIN ET TOUBON

Rue du Pont de Lodi, 5

1860

PARIS. — TYPOGRAPHIE BEAULÉ, 10, RUE JACQUES DE BROSSE.

NOTE DE L'AUTEUR

Une Revue de jurisprudence (*les Annales de la propriété industrielle*), rapportant l'espèce d'un arrêt de la Cour de Cassation (chambre civile), du 31 janvier 1860, a cru devoir, à propos de cet arrêt et malgré cet arrêt, présenter l'apologie des remèdes secrets en général et en particulier du Rob Boyveau-Laffecteur, ainsi que de son prétendu propriétaire, M. Giraudeau Saint-Gervais.

J'ai usé du droit qui m'appartient, de me jeter dans la controverse juridique avec autant de franchise que de liberté, en suivant le rédacteur de cette Revue sur le terrain des considérations que lui a inspirées cet arrêt. Dans cette brochure, j'ai osé soutenir la thèse diamétralement contraire à la sienne!!!

Il ne faudrait pas cependant que le lecteur pût se méprendre sur le but, qu'avant tout je me suis proposé ; je vise un peu plus haut que le Rob Boyveau-Laffecteur. De l'espèce de l'arrêt, du 31 janvier dernier, j'ai voulu dégager une question plus générale, dont l'idée première m'a été inspirée par la lecture d'un discours sur les remèdes secrets d'un honorable professeur à l'École de Médecine, récemment enlevé à la science, M. Soubeiran. J'ai rapporté (2me partie de la brochure) les extraits les plus remarquables de ce discours ; c'est par là que devra commencer le lecteur qui voudrait s'édifier tout d'abord sur la véritable portée de cette dissertation.

Il ne s'agit ni de politique, ni d'économie sociale ; il ne s'agit que d'une pure question de droit administratif, mais qui est, par cela même, d'intérêt général ; il s'agit de *l'applicabilité* d'un décret célèbre du 18 août 1810, et par suite de la vie et de la santé de tous.

J'ai pensé que l'argumentation *juridique* venant en aide aux *doléances* de la Faculté de médecine ne serait pas déplacée, surtout présentée *autrement que par la voie de la presse périodique*. Je serai écouté, j'en ai le ferme espoir.

A. Pellot.

EXPOSÉ ET DISCUSSION PRELIMINAIRES

La Cour de Cassation (chambre civile) a rendu, à la date du 31 janvier dernier, en ce qui touche les droits respectifs des inventeurs et de leurs concurrents quand le produit est tombé dans le domaine public, un arrêt d'une haute importance pratique et qui me semble trancher en principe d'une manière aussi nette que décisive une question dont les tribunaux se trouvent fréquemment saisis.

Cette importance particulière de l'arrêt du 31 janvier 1860 semble avoir été surtout appréciée par une revue spéciale de doctrine et de jurisprudence (les *Annales de la propriété industrielle, artistique et littéraire*); ce journal en effet traite, *in extenso*, de la question soulevée par cette décision de la Cour suprême, et y consacre sa livraison entière du mois de mars dernier : mais, dans l'appréciation de cette question et d'autres accessoires qui s'y rattachent, il arrive à des conclusions qui me semblent erronées, aussi bien en ce qui touche la question de principe en général qu'en ce qui touche le véritable sens de l'arrêt intervenu : c'est à la réfutation de cette manière de voir que j'entends consacrer cette dissertation.

La question soulevée principalement était celle-ci : quand, par l'expiration du monopole reconnu au breveté, le produit est tombé dans le domaine public, et que s'ouvre au profit de chacun le droit de le fabriquer, n'en est-il pas de même de la désignation sous laquelle l'inventeur l'avait accrédité? Ne doit-on pas alors considérer comme tombé dans le domaine public, avec la chose elle-même, le nom qui sert à la désigner?

L'affirmative me semble indubitable ; ce n'est pas que je reconnaisse pour cela à un commerçant la faculté d'usurper la réputation personnelle que s'est acquise un autre commerçant par la supériorité réelle ou prétendue de sa fabrication : c'est au contraire un droit pour chacun de faire réprimer toute tentative tendant à consommer cette usurpation en cherchant à induire le public en erreur sur la provenance des produits, et il y a dans la disposition de l'article 1382 (C. Nap.) une arme suffisante pour assurer et garantir l'exercice de ce droit; il y a plus, chaque commerçant trouve dans la législation spéciale aux *marques de fabrique*, un moyen plus sûr encore d'imprimer à sa fabrication le sceau de sa propre individualité, et, si la contrefaçon se produit, le contrefacteur s'exposera, en outre de la condamnation aux dommages et intérêts, à subir les rigueurs de la police correctionnelle ; voilà qui est certain et incontestable.

Distinction proposée entre la chose et sa désignation.

Mais, en dehors de toute manœuvre tendant à engendrer l'erreur du public sur l'origine de la fabrication, convient-il de faire survivre à l'expiration du monopole du breveté, la propriété du *mot* qui sert à désigner la chose tombée désormais dans le domaine public? C'est là, on le comprend, une question toute différente de celle relative à l'origine de la fabrication, et la solution qu'elle doit recevoir n'est pas susceptible d'être sérieusement contestée; ainsi supposons, avec M. Etienne Blanc, un brevet pris pour un système d'éclairage accrédité sous le nom de *Lampes solaires,* ou pour un instrument de musique accrédité ensuite sous le nom de *Mélophone,* ou pour un appareil servant à préparer les eaux gazeuses et ensuite accrédité par l'inventeur sous le nom de *Gazogène,* comment, à l'expiration du brevet, les concurrents de l'inventeur useraient-ils de leur droit si ces dénominations restent encore la propriété de l'inventeur? Il faudrait alors que chaque concurrent inventât une dénomination qui lui fût *propre* et *particulière;* mais alors, et par la même raison il deviendrait propriétaire de la dénomination par lui créée, au même titre que l'inventeur serait devenu propriétaire de la sienne, en sorte que si vingt mille concurrents entrent successivement dans la lice, comme c'est leur droit, ils devraient se mettre en frais d'imagination pour accoucher successivement de vingt mille dénominations différentes entre elles, et différentes, dans les espèces ci-dessus, de celles de ***Lampes solaires***, ou ***Mélophone***. ou ***Gazogène*** accréditées par les inventeurs primitifs!!! C'est cependant à ce résultat qu'on aboutit quand on pose en principe absolu (Jugement du tribunal de commerce de la Seine du 22 mai 1856, qui sera rapporté plus loin) que les inventeurs restent indéfiniment propriétaires de leurs dénominations, et que leurs concurrents ne peuvent user de leur droit qu'à la condition de se servir de dénominations qui leur soient *propres* et *particulières ;* je préfère, quant à moi, croire que, comme par le passé, et longtemps encore dans l'avenir, les mots continueront de servir à désigner les choses, et qu'avec elles ils font leur entrée simultanée dans le domaine public.

Autre distinction proposée entre les dénominations génériques et de fantaisie.

Il est vrai que le tribunal de commerce n'aurait pas toujours professé la doctrine absolue qui ressort de son jugement du 22 mai 1856 et quelques autres semblables ; il admettrait une distinction entre les dénominations ***génériques*** et les dénominations de ***fantaisie***, les premières entrant comme nécessaires avec la chose dans le domaine public, les secondes restant la propriété de l'inventeur ; j'ai entendu plaider cette distinction devant ce même tribunal, et citer comme précédents la revendication par lui autorisée et admise de la dénomination de : ***Gazogène*** et aussi de celle de ***Parfum régénérateur de l'amour***. Je ne perçois pas bien clairement le sens et la portée de cette distinction ; pour l'appareil appelé gazogène, je ne vois rien qui réponde aux arguments développés plus haut, et quant au ***Parfum régénérateur de l'amour***, j'avoue que je n'ai pas recherché, et n'ai point envie de secouer la poussière des recueils pour rechercher le texte de ce jugement qui aurait été rendu en 1841 ; il s'agissait sans doute de quelque perruquier, parfumeur ou marchand de cosmétiques qui avait attaché cette qualification à une huile ou pommade quelconque, comme on pourrait attacher celle de ***Trésor de la poitrine*** ou de ***Parfum de la bouche*** à n'importe quelle pâte pectorale ou poudre dentifrice. Ce n'était donc pas, à proprement parler, d'une question de dénomination qu'il s'agissait; et d'ailleurs tout ce que méritait une pareille revendication, c'était d'être repoussée par une fin de non-recevoir qu'il n'eût pas été difficile de trouver. Mais ce qui est plus étrange, c'est que ce tribunal ait pu consacrer cette distinction en ce qui touche la dénomination de *Perles d'éther* appliquée à des capsules de dimension plus petite que les capsules ordinaires (Jugement du 21 mars 1859, rapporté par les *Annales* (pages 91 et 92 de la livraison précitée, de mars 1860); la distinction est d'autant plus étrange qu'il s'agissait d'un médicament, qu'en cette matière spéciale, les réglements n'autorisent pas *la fantaisie*, et que d'ailleurs cette dénomination avait été proposée scientifiquement à l'approbation de l'Académie de médecine (procès-verbal de la séance du 27 janvier 1852).

En résumé donc, nous maintenons qu'avec la chose c'est aussi la désignation qui tombe dans le domaine public, et nous verrons également que c'est dans ce sens que la Cour de Cassation s'est prononcée le 31 janvier dernier.

Sur ce premier point la rédaction des *Annales de la propriété industrielle, artistique et littéraire* semble bien se ranger à cette opinion, quoique cependant elle rapporte, sans réflexions ni appréciations, le jugement relatif aux *Perles d'éther*.

Mais la désignation peut-elle être employée avec adjonction du nom?

Mais la question d'emploi de la désignation devient plus délicate quand le nom de l'inventeur est *entré dans la désignation* même : il arrive en effet assez souvent, comme le fait très-bien remarquer M. Etienne Blanc (*Code des inventeurs*, page 423), que la dénomination adoptée n'est qu'une désignation banale à laquelle l'inventeur ajoute son propre nom, ainsi que cela se présente, par exemple, pour *les lampes Carcel, l'eau de Botot, les fusils Lefaucheux, les couverts Ruolz*, etc., etc.; comment alors réglementer le droit de la libre concurrence quand le nom de l'inventeur est devenu ainsi, *par son propre fait*, un élément nécessaire de la désignation? Alors il y a un double obstacle qui semble s'opposer à l'emploi du nom : c'est que d'abord le nom est une propriété incontestable à laquelle il est défendu de toucher, et ensuite si l'inventeur ou ses ayant-cause exploitent encore, l'emploi du nom pourrait devenir une source d'erreur sur l'origine de la fabrication; d'un autre côté, il y a cependant le droit de libre concurrence qui ne doit pas être méconnu.

Doctrine sur l'adjonction du nom.

Il est facile d'arriver à la conciliation de ces principes également certains quoique contradictoires: il faut à cet égard distinguer si le nom patronymique, devenu partie intégrante de la désignation, est tombé ou non dans le domaine public.

S'il est entièrement tombé dans le domaine public, comme peut l'être celui de *Quinquet* appliqué à un appareil d'éclairage aujourd'hui assez arriéré, nous reconnaissons à tout fabricant quelconque le droit de faire et vendre des quinquets sans l'assujettir à aucune précaution quelconque;

Si le nom n'est pas entré dans le domaine public, que l'inventeur ou ses ayant-cause exploitent encore, alors il est impossible que, sous prétexte du respect attaché à la propriété du nom, le monopole du breveté puisse, contrairement à la loi, se prolonger indéfiniment; il faut bien alors que l'inventeur se résigne à voir son nom suivre le sort de son invention: non pas cependant qu'alors les rivaux d'industrie puissent se servir du nom d'une manière absolue; mais, pour ne pas tromper le public sur la provenance, ils ne devront se servir du nom qu'à la condition de le faire précéder de ces mots : « *façon de.*,.. *système de.*... *procédé ou formule de.*... » Ainsi les concurrents des inventeurs, dans les exemples ci-dessus, pourront faire de l'eau *dite* de Botot, des lampes *système ou procédé* Carcel, des fusils *système* Lefaucheux, des couverts argentés par le *procédé* Ruolz (1).

Jurisprudence du tribunal de commerce de la Seine sur l'adjonction du nom.

C'est dans cette voie que la jurisprudence s'était engagée depuis assez longtemps : le tribunal de commerce, qui depuis a changé d'avis en refusant même l'usage de la dénomination sans le nom, n'avait pas hésité à prendre le parti de l'affirmative dans cette question cependant beaucoup plus délicate, en prescrivant toutefois les mesures propres à garantir l'origine de la fabrication.

Ainsi il n'a pas cru pouvoir interdire à *M. Léon Deville* de vendre des lampes *façon* ou *dites* Carcel (Jugement du 7 avril 1843, confirmé par la Cour de Paris le 20 janvier 1844) ;

(1) M. Etienne Blanc (pages 440 et suivantes), M. Rendu (*Droit industriel*, nos 647 et 648), M. Nouguier (*Des Brevets d'invention*, nos 244-247 *bis*), professent ces principes.

Il n'a pas cru pouvoir interdire davantage la préparation de la pâte pectorale balsamique *suivant la formule* de Regnauld aîné (Jugement du 28 octobre 1844), ni celle des pilules ferrugineuses *suivant la formule* de Vallet (Jugement du 12 août 1846).

Jurisprudence, sur ce point, de la Cour de Paris.

La Cour de Paris, qui s'est écartée de cette doctrine par son arrêt cassé le 31 janvier dernier, n'avait cependant pas hésité à s'engager aussi dans cette voie. C'est ainsi que nous l'avons déjà vue confirmer le jugement relatif aux lampes *dites* ou *façon* Carcel.

En adoptant cette doctrine, elle l'avait même exagérée : c'est ainsi que, le 3 juin 1843, elle n'avait pas cru pouvoir interdire à un fabricant d'apposer sur des limes fabriquées par lui les noms de *Spencer* et *Stubs* qui ne lui appartenaient en aucune façon, mais qui servaient depuis longtemps dans le commerce à désigner une espèce particulière de limes, encore que les noms *Spencer* et *Stubs* eussent été employés *seuls*, sans aucune indication additionnelle qui pût faire connaître aux acheteurs la provenance des limes.

C'est ainsi encore que, par arrêt du 18 février 1852, elle reconnaît, pour toutes personnes, le droit d'annoncer et de vendre de l'*Eau de Botot*, sous cette désignation seule, et sans aucune indication additionnelle.

Le 12 janvier 1857, à propos de l'*Elixir tonique anti-glaireux du docteur Guillié*, de la *Pâte pectorale de George*, du *Sirop lénitif de Flon*, et par antithèse au *Papier épispastique* pour lequel elle refusait l'adjonction des mots : *selon la formule d'Albespeyres*, elle reconnaissait en principe la légitimité de l'adjonction de ces expressions en ces termes :

« Considérant que la loi refuse tout brevet pour l'invention » ou le perfectionnement des produits pharmaceutiques ;

» Que les modifications apportées aux formules du Codex » dans ces compositions ne confèrent donc pas aux inventeurs » de ces produits le droit exclusif de les débiter ;

» Que leur réserver la propriété des dénominations sous » lesquelles ils les ont signalés au commerce, ce serait leur » accorder indirectement pour le débit le droit privatif que » la loi leur dénie. »

La question en ce qui touche les produits pharmaceutiques est en effet la même qu'en ce qui concerne les produits ordinaires après l'expiration du monopole des brevetés, car, dans le but de sauvegarder la bourse et la santé du public contre le charlatanisme des brevetés, la loi du 5 juillet 1844 sur les brevets d'invention a voulu (art. 3) que ces produits entrassent immédiatement dans le domaine public; il y a même ici une raison de plus de décider, c'est que les règles éminemment tutélaires de la santé publique qui régissent la police de la pharmacie exigent l'emploi de dénominations usuelles, consacrées et indicatives de la composition même du médicament.

Ainsi, sauf le revirement de date récente apporté à leur jurisprudence, le tribunal de commerce de la Seine et la Cour de Paris n'hésitaient pas à se ranger au système indiqué plus haut, et qui concilie de la manière la plus satisfaisante les principes contradictoires sur la propriété des noms patronymiques et les droits du domaine public.

Jurisprudence de la Cour de Cassation quant à l'adjonction du nom.

Quant à la Cour de Cassation, elle n'avait pas encore eu l'occasion de se prononcer directement sur cette question; elle ne l'avait fait qu'indirectement et d'une manière tout énonciative dans les motifs d'un arrêt du 24 décembre 1855, relatif à l'emploi du nom de *Sterlin* appliqué sur des serrures, comme *marque de fabrique,* par un concurrent du serrurier Sterlin ou plutôt de son successeur : il s'agissait, comme on le voit, non plus du nom servant à désigner le produit et à en faire connaître le nom et l'espèce, mais bien d'une *marque de fabrique* destinée à indiquer *la provenance;* or, ici il y avait une loi spéciale (22 germinal an XI) qui proscrivait en termes exprès l'emploi, comme marque de fabrique, du nom d'un autre commerçant même précédé des mots : *façon de....* Et cependant ici, malgré le texte *formel* de la loi de germinal, la Cour de Paris avait cru pouvoir autoriser l'emploi de la marque *Sterlin* précédée de ces mots : *façon de...* C'est donc avec juste raison que cet arrêt fut cassé le *24 décembre 1852,* et c'est incidemment seulement et en voulant établir la différence entre la marque de *fabrique et la désignation* que l'arrêt de la chambre civile s'explique en ces termes :

« Attendu qu'il peut arriver sans doute, dans certains cas,

» *que par un long usage, ou par suite du consentement* » *exprès ou tacite de l'intéressé,* le nom d'un fabricant » devienne comme la seule désignation usuelle et reçue de » tel ou tel procédé de fabrication tombé dans le domaine pu- » blic, qu'en ce cas il peut être permis exceptionnellement à » d'autres qu'au propriétaire du nom de s'en servir afin de » désigner, non l'origine industrielle du produit, mais le sys- » tème ou le mode de fabrication ;

» Mais, attendu que les tribunaux ne sauraient autoriser une » telle dérogation aux règles communes, qu'en constatant ou » reconnaissant que le nom en litige est devenu la désigna- » tion *usuelle* et *comme nécessaire* du produit, et en pre- » nant les précautions convenables pour que toute confusion » sur l'origine industrielle des produits soit évitée, et, pour » que l'emploi du nom d'un fabricant *permis malgré lui à* » *d'autres,* ne devienne pas le moyen d'une concurrence il- » licite à son préjudice. »

Ce n'est, je le répète, qu'incidemment que la Cour s'occupait de l'emploi du nom comme désignant la nature et l'espèce du produit, et il ne faudrait pas, pour avoir la pensée véritable de la Cour, s'arrêter à cette formule énonciative, que l'emploi du nom peut être autorisé, *soit par un long usage, soit par suite du consentement* exprès ou tacite de l'intéressé; ce consentement exprès ou tacite dont parle la Cour n'est pas un consentement proprement dit, mais bien *le fait* de l'inventeur qui, adjoignant son nom à une désignation banale, le *fait* entrer, *consent* à ce qu'il entre comme élément nécessaire dans cette désignation; sans cela ce consentement ne se rencontrerait jamais; il est tellement vrai, d'ailleurs, que c'est là le sens attaché par la Cour au consentement exprès ou tacite de l'inventeur, qu'elle suppose un peu plus loin l'emploi du nom du fabricant permis *malgré lui* à ses *concurrents.*

Au surplus, dans son arrêt du 31 janvier dernier, la Cour de Cassation (chambre civile), saisie cette fois directement de la question, s'est expliquée d'une façon précise, car après avoir établi le principe que la désignation tombe avec le produit dans le domaine public, elle ajoute :

« Attendu que l'application de ces principes peut s'étendre
» à la désignation *dont le nom de l'inventeur ferait*
» *partie*, si dans l'usage, et par le fait *même de l'inven-*
» *teur*, son nom est devenu l'*élément nécessaire* de la dé-
» signation d'un produit;

» Que sans doute ses concurrents ne pourraient, sans por-
» ter atteinte aux droits qui continuent de lui appartenir, em-
» prunter son nom de manière à induire le public en erreur
» sur l'individualité du fabricant et la provenance de ses pro-
» duits, mais qu'à la charge de donner des indications suffi-
» santes pour prévenir toute méprise à cet égard, il peut,
» *dans certains cas*, leur être permis d'employer, comme
» rappel d'une formule tombée dans le domaine public, la
» désignation passée en usage, avec le nom qui en serait
» devenu partie nécessaire. »

Voici qui est clair et, abstraction faite de toute personnalité des plaideurs en cause, confirme très-nettement la doctrine et la jurisprudence que nous exposions plus haut.

Mais, à côté du principe général, il y a l'espèce particulière sur laquelle est intervenu l'arrêt du 31 janvier; il s'agissait, au cas particulier, d'un remède qui n'a que trop fait parler de lui, le fameux rob *antisyphilitique*, puis *végétal dépuratif, de Boyveau-Laffecteur*, aujourd'hui vendu et débité par le docteur Giraudeau Saint-Gervais : il s'agissait de savoir si des concurrents de ce dernier, MM. Charpentier et Comp., en offrant toutes les garanties propres à spécifier l'origine de leur fabrication, avaient dû être autorisés à fabriquer du rob végétal dépuratif, *selon la formule de Boyveau-Laffecteur;* c'est l'affirmative que préjuge cet arrêt de cassation en partant de cette idée qu'il n'a été contesté, *ni en première instance, ni en appel,* que ce remède fût tombé dans le domaine public. Espèce particulière de l'arrêt du 31 janvier 1860.

C'est en recherchant les diverses questions qui peuvent, par suite de la cassation, s'élever devant la Cour de renvoi, que le rédacteur des *Annales de la propriété industrielle,* M. Pataille, émet des observations et appréciations sur lesquelles je regrette de ne pouvoir être complétement de son avis.

Je vais préciser ces points de divergence, sauf à les discuter ensuite.

Première difficulté relative à la propriété des remèdes *dits* secrets antérieurs à 1810.

D'abord, serait-il vrai de dire que la drogue du docteur Giraudeau Saint-Gervais est tombée dans le domaine public? On pourrait peut-être en douter, parce que, dirait-on, il s'agirait là d'un remède spécial, autorisé antérieurement à un décret célèbre du 18 août 1810 qui a consacré le principe du rachat, et, par suite, le droit à un monopole indéfini qui ne cesserait que le jour où le remède serait racheté, *exproprié*, si on veut, *pour cause d'utilité publique;* c'est donc un droit qui reste à l'inventeur, car il n'aurait pu en être dépouillé par la loi de 1844, qui ne fait tomber les productions pharmaceutiques et remèdes de toute espèce dans le domaine public, qu'à la condition de faire produire à cette loi un effet rétroactif;

C'est à cette opinion que paraît incliner M. Pataille, car il s'attache à démontrer que la Cour de renvoi peut être saisie de cette question; j'en doute fort; mais, à supposer que la question puisse être soulevée, je suis intimement convaincu qu'il n'y a plus de monopole aujourd'hui possible d'après la législation sous l'empire de laquelle ce remède a été autorisé; il n'est pas d'ailleurs régi par le décret du 18 août 1810, car ce décret, dont l'interprétation paraît indéchiffrable pour l'administration, consacre une distinction très-claire; il a été fait pour mettre un terme à l'abus scandaleux de certaines autorisations spéciales données, surtout sous l'ancien régime, sans nul souci des intérêts de la santé publique, et en l'absence de toute communication de la recette ou formule du médicament; c'est à cette catégorie (dans laquelle ne peut être rangé le rob de Laffecteur), c'est, disons-nous, à cette seule catégorie de médicaments spécialement autorisés, *sans communication ni examen préalable de la recette ou formule,* que s'applique le principe du rachat préalable et facultatif pour le gouvernement consacré par le décret de 1810, et ce principe est d'ailleurs quelque chose de complétement différent du principe de *l'expropriation pour cause d'utilité publique;* c'est là un point que j'éluciderai en me livrant à un examen rapide des règles concernant la police pharmaceutique.

En deuxième lieu, M. Pataille suppose en fait que la composition du rob de Laffecteur serait restée un mystère; il affirme, *s'il est bien informé*, qu'aujourd'hui encore l'administration serait investie du droit d'autoriser des remèdes dont la composition ne serait pas divulguée, et que de ces autorisations dériverait un droit privatif, et par suite un véritable monopole au profit de celui qui serait ainsi autorisé. Sur ce deuxième point, je suis toujours en désaccord avec M. Pataille; d'abord, un honorable professeur à l'Ecole de médecine, dont on trouvera plus loin la discussion, a établi le point de fait avec l'autorité de sa haute science, et dévoilé le prétendu mystère qu'on essaie de faire planer sur la composition de ce fameux médicament; quant au fait des permissions, j'ignore à quelle source les *Annales* ont puisé leurs informations; mais eussent-elles le caractère le plus officiel, que je m'en soucie peu; tous les avis *préfectoraux* ou *ministériels* du monde ne peuvent prévaloir contre la loi, et *en droit* je soutiens qu'une autorisation de cette nature serait profondément *illégale*, contraire à la disposition formelle de l'article 8 du décret du 18 août 1810, contraire à la loi de 1844 qui rappelle l'administration à l'exécution de ce décret, et a eu pour objet d'abroger précisément *(Rapport de M. Barthélemy à la Chambre des pairs), malgré l'opposition de l'administration*, le système de ces permissions abusives, contraire enfin à ce principe que l'autorité exécutive, chargée de veiller à l'exécution des lois, ne peut pas les violer, et, en dehors d'une délégation du législateur, s'arroger indirectement le droit de créer un monopole là où sa volonté expresse a été, au contraire, de poser le principe de la libre concurrence.

Deuxième difficulté relative à la légalité des permissions données sans divulgation ni publication de la recette ou formule.

Enfin, troisième et dernier point de divergence: M. Pataille admet bien que si le rob de Laffecteur est tombé dans le domaine public, les concurrents auront le droit d'user de la dénomination de : rob *végétal dépuratif*, mais il n'admet pas qu'ils auront également la faculté d'en user avec adjonction des mots : « *selon la formule de.....* »

Troisième divergence relative à l'espèce même de l'arrêt du 31 janvier 1860.

Je ne suis pas encore de cet avis, car en fait il y a double raison de considérer les noms de *Boyveau-Laffecteur* comme entrés dans la désignation du produit considéré comme un produit industriel ordinaire, et aussi comme produit pharmaceutique :

En effet, et, à supposer qu'il s'agisse d'un produit ordinaire, il y a plus de quatre-vingts ans qu'il circule et se vend sous le nom de rob *Boyveau-Laffecteur ;* ces deux noms ont toujours fait partie de la dénomination ; ils en ont même été la seule portion conservée d'une façon *permanente ;* le surplus de la dénomination a au contraire varié, car après s'être d'abord appelé *rob antisyphilitique,* il a pris, sous la plume de M. Giraudeau Saint-Gervais, le nom de *rob végétal dépuratif.* Certes c'est le cas, ou jamais, de dire que, par le long usage, ces deux noms sont entrés comme élément nécessaire dans la désignation de la chose.

Mais la nécessité de l'adjonction du nom apparait bien plus évidente encore quand on envisage le produit dont s'agit comme produit rangé, à raison de sa nature spéciale, dans la classe des produits pharmaceutiques ; c'est alors qu'il est vrai de dire que la qualification de *rob végétal dépuratif* est une dénomination banale, au suprême degré, ne désignant en aucune espèce de façon la *nature,* l'*espèce* et les *composants* essentiels du médicament ; nulle part, en effet, dans la nomenclature pharmaceutique, ni au Codex, ni dans les *Bulletins de l'Académie impériale de médecine,* devenue une annexe du Codex depuis le décret du 3 mai 1850, on ne voit ce que pourrait être un *rob végétal dépuratif,* ce dont peut être composé un médicament ainsi désigné au consommateur et au médecin ; c'est cependant ce qu'il est nécessaire, et avec raison, de spécifier pour se soumettre aux exigences de la police pharmaceutique, car sans cela les médecins en seraient réduits à jouer le rôle d'empiriques et de charlatans administrant, les yeux fermés, des remèdes *de bonne femme ;* il faut donc que toute équivoque disparaisse, et l'adjonction des expressions « *selon la formule de Boyveau-Laffecteur* » répond à cette *nécessité* de police pharmaceutique, car elle signifie que le produit est composé des produits *essentiels* indiqués dans la formule *communiquée* par Boyveau et Laffecteur lorsqu'ils ont obtenu leur autorisation ; le nom est donc ici indispensable et nécessaire comme rappel de la formule.

En résumé, j'ai à examiner :

1° S'il est aujourd'hui possible que l'administration délivre des permissions, source d'un droit privatif, pour des remèdes *dont l'inventeur voudrait tenir la composition secrète ;*

2° S'il est possible de prétendre qu'aujourd'hui encore les inventeurs de remèdes autorisés avant le 18 août 1810 jouissent d'un monopole subsistant jusqu'à expropriation sous forme de rachat.

Ces deux questions, soulevées par les *Annales de la propriété industrielle,* trouveront leur solution dans l'exposé des principes spéciaux de la matière que je diviserai de la manière suivante :

1° Des brevets d'invention en général, et en particulier de l'article 3 de la loi du 5 juillet 1844; Division.

2° Exposé sommaire des principes de la police pharmaceutique.

De ces deux premières parties de ma discussion résultera en même temps la preuve que l'emploi de la dénomination usuelle et parfois même du nom est bien plus impérieusement exigée pour les produits pharmaceutiques que pour toute autre espèce de produits, et je terminerai en rapportant :

3° Le texte des jugement et arrêt cassés et celui de l'arrêt du 31 janvier dernier qui aura, par là même, reçu sa véritable interprétation.

CHAPITRE PREMIER

DES BREVETS D'INVENTION EN GÉNÉRAL, ET DE L'ARTICLE 3 (LOI DU 5 JUILLET 1844) EN PARTICULIER.

Droits des inventeurs avant 1789.

I. — Ce qui concerne le droit des inventeurs n'a été qu'assez tardivement réglementé dans notre ancienne législation, et cela se comprend parce que le système des *maîtrises* et *jurandes*, alors en vigueur, en était la négation la plus entière et la plus complète; quoi qu'il en soit, et, malgré les entraves du système économique et industriel alors en vigueur, le droit des inventeurs finit par triompher des obstacles, et des priviléges leur furent octroyés sous forme de lettres-patentes délivrées par le roi, et délibérées dans la section compétente de son conseil (le conseil d'Etat d'alors); toutefois, des abus s'étant introduits dans la fixation de la durée du monopole, la royauté sentit le besoin de se sauvegarder elle-même contre les dangers de l'arbitraire et des obsessions individuelles, et une *ordonnance* du 24 décembre 1762 introduisit les règles suivantes :

Ordonnance du 24 décembre 1762.

« Art. 1er. Tous les priviléges, *en fait de commerce*, » qui ont été ou seront accordés à des particuliers, soit en » leur nom seul, soit en leur nom et Comp., pour des temps » fixes et limités, seront exécutés selon leur forme et teneur » jusqu'au terme fixé par les concessions d'iceux.

» Art. 2. Tous lesdits priviléges qui ont été ou seraient

» dans la suite accordés *indéfiniment et sans terme*, seront » et demeureront *fixés et réduits* au terme de quinze années » de jouissance, à compter du titre de concession. »

Lacune de cette ancienne législation.

Une lacune déplorable se fait d'ailleurs remarquer dans cette législation : elle ne prenait aucune précaution à l'effet d'assurer au domaine public la pleine et entière possession des procédés de l'inventeur, le jour où, par l'expiration du terme, le privilége aurait cessé; c'est là une lacune comblée dans la législation nouvelle; mais, relativement aux inventions privilégiées sous l'empire de cette ancienne législation, les vices qu'elle présente n'autorisent pas un *abus* de la part des administrations nouvelles; c'est donc pour elles *un droit*, et en même temps *un devoir* dicté par l'intérêt général, que d'extraire de ses archives et de porter à la connaissance du public tous les renseignements *qui lui ont été communiqués*, et peuvent rendre praticable l'exécution d'une découverte acquise au domaine de la libre concurrence.

Législation actuelle sur les brevets d'invention. (Loi 5 juillet 1844).

II. — Les mêmes imperfections ne sont pas remarquées dans la législation actuelle; c'est la loi du 5 juillet 1844 qui s'est occupée en dernier lieu de la matière des brevets d'invention; sauf des modifications de détail, elle n'a fait que reproduire les principes fondamentaux de la législation de 1791.

Un brevet d'invention n'est nullement, comme on le croit trop communément, un brevet de capacité et de supériorité; c'est un arrêté ministériel donnant à l'auteur d'une découverte prétendue, acte de sa prétention formulée dans une demande exposant l'objet de sa découverte et plus tard rendue *publique*. L'administration n'examine rien, et dans le cas où l'inventeur se verrait contester le mérite *de la nouveauté*, c'est aux tribunaux ordinaires qu'il appartient de se prononcer sur la validité ou la nullité du brevet.

Il faut, en outre du mérite de la nouveauté, que l'invention ne se renferme pas dans le cercle de *l'abstraction théorique*, et qu'elle aboutisse *à une application industrielle*, sans quoi les tribunaux (art. 30, 2° et 3°) prononceraient la nullité du brevet sur la demande des parties intéressées.

Enfin, en troisième lieu, si, contrairement au principe général de la liberté de l'industrie, il s'agit d'une industrie soumise par exception à des entraves réglementaires, il est clair que, pour exploiter son invention, l'inventeur devra, en outre de la formalité de la prise du brevet, se soumettre aux conditions spéciales, administratives ou autres, prescrites pour l'exercice de l'industrie qui lui est particulière : ainsi, qu'un ouvrier typographe, breveté pour des machines perfectionnées de son invention, veuille les faire fonctionner pour son propre compte, son brevet ne lui en donnera pas le droit, il lui faudra en outre se pourvoir administrativement pour obtenir la délivrance d'un brevet d'imprimeur (art. 11, loi du 31 octobre 1814).

Exception spéciale aux produits pharmaceutiques.

Après avoir rappelé ces idées générales, arrivons à l'exception que consacre l'article 3 de la loi du 5 juillet 1844, et qui affranchit du monopole des brevetés *les compositions pharmaceutiques ou remèdes de toute espèce.*

Nous rentrons dans notre sujet, et c'est le cas de nous fixer sur la véritable portée de cette disposition de l'article 3.

Réfutation d'une distinction proposée par la juridiction consulaire.

Elle figure comme exception au principe qui déclare brevetables les découvertes susceptibles d'une application industrielle; c'est donc, qu'en édictant cette exception, l'intention du législateur a été d'affranchir ces sortes de produits des entraves du monopole, et de les faire immédiatement tomber *dans le champ industriel,* dans le domaine de la libre concurrence; le texte de la loi suffit amplement pour dévoiler le sens de cette exception, sans qu'il soit besoin, pour le démontrer, de remonter aux sources de la discussion, et je me serais abstenu de faire une observation aussi naïve, s'il ne m'avait fallu répondre, en passant, à une distinction du tribunal de commerce de la Seine, qui surpasse la fantaisie *du parfum régénérateur de l'amour :* c'est à la date du 27 mars 1856 (*Annales,* page 85) et, à propos de l'*Elixir tonique, antiglaireux, suivant la formule du docteur Guillé,* qu'il a émis cette distinction nouvelle sur l'article 3 de la loi de 1844. Voici en quoi consiste cette distinction : il ne faudrait pas confondre *la conception théorique du médicament* et son *exécution pratique,* en d'autres termes de sa préparation; c'est la première seule qui est dans le domaine public; quant à la seconde, là est l'élément commercial, le champ industriel dans lequel chacun peut exercer son intelligence à son profit, se créer la propriété de sa préparation et de la dénomination qu'il y a attachée, et voilà comme quoi, n'en déplaise au législateur de 1844, *les remèdes de toute espèce ne sont pas dans le domaine public!!!* Des subtilités de cette force se citent, mais ne se discutent pas.

Motifs de cette exception.

C'est donc un point bien certain que les produits pharmaceutiques tombent dans le domaine public; mais pourquoi cette exception? C'est, comme le fit observer à la Chambre des députés, le rapporteur, *M. Philippe Dupin*, dans l'*intérêt général de la santé publique*: en effet, c'est un préjugé, une croyance populaire qu'on ne peut déraciner, qu'à l'obtention d'un brevet se rattache l'idée d'une *garantie* pour le mérite et l'utilité de l'invention; ce préjugé n'a que de faibles inconvénients pour les objets qui entrent dans la consommation ordinaire de la vie, car, si le breveté affiche des prétentions exorbitantes, le public peut le laisser chez lui, et, en attendant que son monopole expire, se contenter des procédés antérieurement en usage; mais quand il s'agit de la santé publique, les erreurs sont trop graves pour livrer la crédulité publique à la merci du charlatanisme et au parti qu'il pourrait tirer des brevets d'invention; j'ajouterai que de deux choses l'une :

Ou la découverte est insignifiante, comme cela n'arrive que trop fréquemment, alors elle ne mérite pas la protection de la loi;

Ou la découverte est réellement utile, et alors l'inventeur peut en proposer l'achat au gouvernement en procédant de la manière prescrite par le décret du 18 août 1810.

La libre concurrence, ainsi décrétée, amène inévitablement des prix plus modérés, et, en même temps qu'elle protége la santé du public, elle garantit sa bourse contre les exigences des inventeurs.

De là je conclus que tout concurrent qui entre en lutte avec l'inventeur réel ou prétendu de produits pharmaceutiques réalise le but et le vœu de la loi qui a été de stimuler et provoquer la concurrence, et a droit à la *bienveillance* et *à la protection* des tribunaux.

En fait la loi est quotidiennement violée.

En fait cependant, que se produit-il dans la pratique, et le vœu du législateur est-il bien accompli? Tous les jours on voit le monopole chassé par la porte rentrer par la fenêtre; chaque jour, à la quatrième colonne des journaux, une foule de remèdes, *dits spéciaux*, se recommandent à la faveur publique par une publicité retentissante, avec toutes les apparences d'un monopole que cependant la loi prohibe; ils sont accompagnés d'une notice descriptive de leurs propriétés curatives, des maladies qu'ils sont destinés à soulager ou guérir. La même notice met en relief les *certificats* des médecins qui les ont expérimentés, les actions de grâces des malades qui s'en sont bien trouvés, et le tout se termine par ces expressions ou autres équipollentes :

> « *Privilége exclusif : se trouve chez l'inventeur* » *ou chez tels pharmaciens dont on donne la liste;* » *se défier des contrefaçons.* » Ou bien encore : « *Les* » *contrefacteurs seront punis suivant la rigueur* » *des lois,* » comme s'il pouvait y avoir contrefaçon là où il n'y a pas de privilége.

Circulaire de MM. les fermiers d'annonces.

Ce sont bien là les allures du monopole, et le public qui ne connaît pas l'article 3 de la loi sur les brevets d'invention se laisse abuser par ces fausses apparences, et se soumet bonnement à ce qu'il ne croit pouvoir éviter. Comment d'ailleurs ne s'y tromperait-il pas quand MM. les fermiers d'annonces eux-mêmes se font illusion sur le mensonge quotidien et permanent qu'ils se chargent de livrer à la publicité? Il y a sur ce point une circulaire curieuse portant l'estampille de Laffite-Bullier, Havas; on la trouvera à la suite de l'extrait de la brochure de M. Soubeiran. On y verra, par quel genre de coalition, ces messieurs de l'annonce et de la réclame ferment impitoyablement leur porte à toute concurrence, parce que ce serait s'aliéner la clientèle des propriétaires de remèdes, et perdre, par suite, *l'une des plus abondantes sources de leurs profits.*

En présence d'un abus aussi profondément invétéré, c'est assurément le cas de persister plus que jamais, et pour le combattre, dans la doctrine qui assure aux concurrents l'usage des dénominations accréditées par les inventeurs.

Illégalité patente de toute permission individuelle.

En citant l'article 3 de la loi de 1844 qui déclare non brevetables les compositions pharmaceutiques et remèdes de toute espèce, nous avons négligé jusqu'à présent le surplus de sa disposition ainsi conçue :

« Lesdits objets demeurent soumis aux lois et réglements
» sur la matière, et notamment au décret du 18 août 1810
» sur les remèdes secrets. »

C'est ici le cas d'examiner la légalité de ces permissions dont parle M. Pataille, et qui, délivrées sans divulgation de la formule, deviendraient constitutives d'un véritable privilége individuel.

Le décret de 1810, auquel renvoie expressément notre article 3, va nous édifier sur ce point. Ce décret, promulgué pour mettre un terme à l'abus des autorisations antérieurement accordées *sans communication de la recette ou formule*, a voulu, de plus, en conjurer le retour dans l'avenir par son article 8 ainsi conçu :

« Nulle permission ne sera accordée désormais aux auteurs
» d'aucun remède simple ou composé dont ils voudraient
» tenir la composition secrète, sauf à procéder comme il est
» dit aux titres I et II. »

Or, voici ce que disent en résumé les titres I et II : L'inventeur doit soumettre sa formule et son médicament à l'examen d'une commission de cinq membres, dont trois au moins doivent être membres des écoles de médecine. Cette commission, et, en cas de contestation de la part de l'inventeur, une commission de révision, donne son avis : 1° sur l'utilité du remède ; et 2° sur le prix qu'il convient de payer en le proportionnant au mérite de la découverte, aux avantages qu'on peut en espérer pour le soulagement de l'humanité, et enfin aux profits personnels que l'inventeur pourrait en retirer. Après rapport fait à l'Empereur, le ministre de l'intérieur signe le traité qui est soumis à l'homologation *du Conseil d'État*, et *le secret est publié sans délai.*

Voilà la règle ; elle est claire ; elle ne laisse pas la moindre porte ouverte aux autorisations sans divulgation et publication de la formule ; et c'est pour imposer à l'administration la stricte et rigoureuse application de ces règles que l'article 3 renvoie au décret de 1810 ; il y a plus, c'est que cette disposition a pris place dans la loi de 1844, sur l'initiative de la Chambre des pairs, *malgré la vive opposition de l'administration* et dans le but de proscrire précisément le système de permissions dont parle M. Pataille, et qui s'était pratiqué en violation du décret de 1810. C'est ce que nous apprend le rapport de M. Barthélemy à la Chambre des pairs : on peut facilement s'en convaincre en se reportant au recueil de M. Duvergier. La légalité de ces autorisations ne peut donc se concevoir.

Que l'administration délivre des permissions source d'un droit privatif quand elle agit en vertu d'un pouvoir discrétionnaire que la loi lui confère, cela se comprend ; ainsi, qu'elle fasse des concessions de mines ou de desséchement de marais, délivre des brevets d'imprimeur, autorise l'ouverture d'un café ou ordonne sa fermeture, personne assurément ne verra là une illégalité ; mais qu'elle prétende octroyer des permissions privatives quand la loi le lui a refusé formellement, c'est ce qui ne peut se soutenir, surtout quand le résultat de ces autorisations ministérielles ou préfectorales serait de placer le monopole là où la loi a voulu placer la libre concurrence.

Avant 1844 la jurisprudence avait reconnu déjà l'illégalité de ces permissions.

Du reste, la jurisprudence n'avait pas attendu la défense expresse du législateur de 1844 pour s'élever contre l'irrégularité de ces permissions délivrées, sans aucune publicité, après simple dépôt au ministère de l'intérieur, et des arrêts assez nombreux témoignent, dès avant 1844, de fréquentes condamnations correctionnelles prononcées contre ces monopoleurs en dépit des autorisations préfectorales ou ministérielles dont ils étaient pourvus. Je pourrais citer dans ce sens un arrêt de cassation fortement motivé, relatif à la fameuse ***médecine Leroy***, saisie chez le pharmacien Blancard, et dont M. Henry Pellault rapporte le texte entier dans son Code des pharmaciens (page 265). J'y remarque le motif suivant :

« Attendu que le dépôt, au ministère de l'intérieur, de la » formule d'un médicament nouveau n'est pas *un moyen lé-* » *gal* de publication de ce médicament, lorsque le gouver- » nement ne s'en rend pas acquéreur et n'en autorise pas en » conséquence la publication, et que le médicament *n'en* » *demeure pas moins un remède prohibé par la loi, no-* » *nobstant ce dépôt.* »

Ces permissions n'étaient donc qu'un pur fait sans constituer un droit; mais ce fait a existé et il explique comment il a été pris si peu de brevets en matière pharmaceutique jusqu'en 1844; en effet, prendre le brevet, c'était se dévoiler publiquement sans être assuré qu'ensuite on arriverait à se faire acheter par le gouvernement; il était bien plus commode, *grâce à la déplorable facilité de l'administration*, d'effectuer le dépôt au ministère de l'intérieur, car, sauf à encourir de droite et de gauche quelques centaines de francs d'amende, on pouvait continuer ainsi un commerce lucratif. Ces permissions étaient donc un abus, et on ne peut trop féliciter le législateur de 1844 d'en avoir opéré la suppression par un renvoi formel au décret de 1810. Celui-là donc qui ne peut s'étayer que d'une permission semblable commet un délit, se rend passible de la police correctionnelle, et s'il lui plait de faire la guerre à ses concurrents, il doit être repoussé sans examen, car il ne peut puiser la source d'un droit dans la perpétration d'un délit.

Cette controverse nous amène tout naturellement à la deuxième partie de notre discussion dans laquelle nous devons traiter des principes généraux sur la police de la pharmacie. La pharmacie est en effet l'une des industries réglementées, et, si la libre concurrence peut se produire, c'est à la charge de se soumettre aux règles de police qui régissent la profession, et c'est ici surtout que va se démontrer la fausseté de la doctrine de la propriété des désignations et du nom réservée aux inventeurs; nous verrons, en effet, que l'emploi de dénominations propres et particulières aux concurrents des inventeurs aurait pour effet de les conduire tout droit en police correctionnelle.

CHAPITRE II.

DE QUELQUES RÈGLES GÉNÉRALES SUR LA POLICE DE LA PHARMACIE.

Un premier point incontesté et mis en lumière à propos du procès relatif aux médecins homœopathes, c'est que l'exercice de la médecine doit être complétement séparé de l'exercice de la pharmacie; il eût été en effet à craindre, si les deux professions avaient pu être cumulées, que les ordonnances du médecin ne se ressentissent de l'intérêt du marchand, au grand détriment de la santé et de la bourse du malade.

Bornons-nous à ce qui regarde l'exercice de la pharmacie. Les réglements qui la concernent peuvent se condenser dans les trois points suivants:

1° Certaines personnes seulement peuvent vendre des médicaments;

2° Certains médicaments peuvent être seuls mis en vente, et la vente de tous autres est interdite;

3° Comme sanction de ces règles, la loi a organisé une surveillance particulière des officines, et les agents préposés à cette surveillance verbalisent des contraventions dont le ministère public poursuit la répression devant les tribunaux correctionnels.

Du premier et du troisième point, j'ai peu de chose à dire en vue du débat qui nous occupe.

En ce qui concerne le premier point, tout le monde sait que c'est aux pharmaciens seuls qu'en règle générale appartient le droit de vendre et débiter des médicaments. La remise d'un médicament pour un autre peut donner lieu à des accidents irréparables. Il convenait donc de n'en confier le maniement qu'à des personnes offrant au moins, par leurs études théoriques ou pratiques, certaines présomptions de capacité.

En ce qui concerne le troisième point, c'est aux jurys médicaux, dans les provinces, et à des membres des écoles de médecine et de pharmacie, à Paris, qu'est confiée la surveillance des officines. Il est encore inutile d'aborder ici l'examen des règles d'après lesquelles il est procédé à la formation du personnel de ces commissions administratives.

Nous devons au contraire insister sur le deuxième, c'est-à-dire rechercher quelles sont les diverses catégories de remèdes dont la vente est permise.

Ici il importait essentiellement de ne pas multiplier les dénominations et de consacrer pour chaque médicament une désignation unique et de convention propre à résumer les composants du médicament. C'était là une condition indispensable pour le médecin qui ordonne; c'était indispensable pour assurer la surveillance efficace des officines de pharmacie; c'est aussi le but que la loi s'est efforcée d'atteindre avec la plus rigoureuse précision de détails.

Utilité et nécessité des dénominations indicatives de la composition du médicament.

Les médicaments dont la vente est permise sont de deux espèces seulement (article 32 de la loi du 21 germinal an XI) : ce sont les *remèdes* dits *magistraux* et les *remèdes officinaux*.

Classification des différentes espèces de remèdes.

Les remèdes magistraux. — Ce sont ceux que tout le monde connaît et que le pharmacien prépare d'après l'ordonnance du médecin ; mais il doit tenir copie sur un registre *ad hoc* de ces ordonnances ensuite remises au client, et quand alors le pharmacien délivre aux malades *la potion, les pilules* ou le *liniment selon la formule,* on sait parfaitement à quoi s'en tenir sur sa composition, et des poursuites correctionnelles pourraient atteindre le pharmacien qui aurait mal préparé le médicament.

Les remèdes officinaux. — On entend par là des remèdes

préparés à l'avance, tout prêts à être livrés au public lorsqu'il se présente.

D'après la loi de germinal an XI, il n'y en avait qu'une seule classe; c'étaient les seuls médicaments dont la formule et la préparation sont décrites au Codex, mais un décret du 3 mai 1850, tranchant une controverse antérieure est venue y ajouter :

2º Les remèdes approuvés par l'Académie de médecine et dont les formules sont publiées dans les Bulletins de cette savante compagnie : ces Bulletins deviennent comme une annexe du Codex.

D'un autre côté, une jurisprudence, peut-être plus progressive que littéralement conforme à la loi, et d'ailleurs combattue par les écoles de pharmacie et de médecine et par les jurys médicaux, ajoute :

3º Les médicaments qui, *sans être précisément nouveaux*, ne sont qu'une *modification ou amélioration apportée aux formules du Codex*.

Enfin, pour être complet, il faut ajouter :

4º *Certains remèdes* autorisés avant le décret du 18 août 1810 en vertu de décisions spéciales.

C'est sur cette quatrième catégorie que nous aurons surtout à insister.

Tous ces remèdes officinaux, autres que ceux insérés au Codex, sont les médicaments que, dans la pratique, on appelle *spécialités pharmaceutiques;* et, par pharmaciens spécialistes, on entend ceux qui spéculent plus particulièrement sur la vente d'un ou plusieurs de ces remèdes officinaux.

Voyons maintenant comment il est dans la volonté de la loi d'assigner à chaque médicament une dénomination unique et de convention indicative des divers composants du remède.

I. — ***Médicaments officinaux inscrits au Codex.*** — Le Codex n'indique pas seulement la composition de chaque médicament, il décrit la manière de le préparer, et, quand il y a lieu d'admettre simultanément plusieurs procédés de préparation, il entre dans la description de chacun d'entre eux; chaque remède y est inscrit avec la désignation de l'étiquette sous laquelle il doit circuler. Voilà le Codex.

On objectera peut-être qu'il existe au Codex une foule de remèdes désignés :

Soit sous le nom du premier préparateur, comme la ***Poudre de Dower***, le ***Laudanum de Sydenham*** ou celui de ***Rousseau***, ou bien encore les ***Pilules d'Anderson***, etc., etc.

Soit sous le nom du premier préparateur accompagné d'une désignation banale qui n'en indique nullement la composition, comme par exemple les ***Pilules balsamiques de Morton***, ou bien encore la ***Pommade ophthalmique de Desault***, etc., etc.

Mais si la dénomination n'est pas indicative des composants, elle le devient quand le pharmacien l'inscrit sur son étiquette avec les expressions consacrées : « *Selon la formule, Codex nº tant ;* » il est clair qu'alors le moindre doute ne peut planer, ni sur la composition du remède, ni même sur son mode de préparation, et le pharmacien convaincu d'avoir mal préparé le médicament serait passible de poursuites correctionnelles.

II. — *Médicaments approuvés par l'Académie* — Je n'ai rien à en dire de particulier, puisque les Bulletins de cette Société deviennent comme une annexe du Codex. Les mêmes garanties quant à la composition seront assurées en renvoyant aux Bulletins de l'Académie au lieu de renvoyer au Codex ; et, sous peine de poursuites correctionnelles, le pharmacien devra étiqueter, par exemple des pilules : « ***Pilules suivant la formule de..., approuvées par l'Académie.*** »

III. — ***Remèdes officinaux ne constituant que des améliorations ou modifications apportées aux formules du Codex.*** — Si une jurisprudence bienveillante en admet la circulation, cette jurisprudence va-t-elle jusqu'à rayer d'un trait de plume les précautions si minutieuses prises pour les deux premières classes de remèdes seules expressément approuvées par la loi ? Ces précautions tutélaires de la santé publique vont-elles complètement disparaître ? Mais alors quelle dénomination employer ? Ce ne peut être celle du Codex, dont la formule est altérée ou modifiée ; le pharmacien ne peut, pour satisfaire à cette obligation de police, se référer davantage aux Bulletins de l'Académie de médecine : la question peut être cependant résolue au moyen d'une distinction que la Cour de Paris, dans ses arrêts du 12 janvier 1857 cités plus haut (page 5), a implicitement consacrée :

Ou l'auteur du perfectionnement a conservé la *dénomination générique* inscrite au Codex en la modifiant de manière à faire ressortir l'objet de son perfectionnement ; alors le seul emploi de la dénomination modifiée suffit aux exigences de la police pharmaceutique, sans qu'il soit besoin pour l'étiqueter de l'adjonction du nom ;

Ou l'inventeur a imaginé une dénomination toute nouvelle, et l'adjonction du nom en cette forme : « Selon la formule de... » devient indispensable comme rappel de *la recette modifiée* qu'il a mise en circulation.

Ainsi, il existe au Codex un médicament désigné sous le nom de *Pommade épispastique*, employé pour le pansement des plaies artificielles ; mais, pour en user, il fallait l'étendre sur certaines feuilles encore vertes qu'il n'était pas possible de se procurer en toutes saisons : Albespeyres imagina d'étendre cette pommade sur le papier, et donna au remède ainsi transformé le nom de *Papier épispastique*, susceptible d'être employé en tout temps. Cette dénomination caractérise suffisamment le perfectionnement en respectant *la racine même* de la dénomination inscrite au Codex ; l'adjonction du nom n'est donc pas indispensable pour satisfaire, soit aux exigences de la police pharmaceutique, soit aux besoins de la libre concurrence.

Au contraire, et, en sens inverse, l'adjonction du nom devient indispensable si la dénomination accréditée par l'inventeur n'a rien d'analogue avec celle inscrite au Codex. Comment, en effet, rappeler autrement la composition des médicaments suivants que je prends à titre d'exemples : *Elixir de Guillié*, modification de l'*Eau-de-vie allemande* du Codex : *Sirop de Labelonye*, modification du *Sirop de digitale* du Codex ; *Sirop de Laroze*, modification du *Sirop d'écorces d'oranges* du Codex ?

Dissertation spéciale sur les remèdes antérieurs au décret de 1810.

IV. — *Remèdes officinaux spécialement autorisés avant 1810.* — Cette matière des remèdes dits *secrets* autorisés antérieurement à 1810, est regardée depuis longtemps comme fort difficile. M. Henri Pellault l'aborde ainsi dans son *Code des Pharmaciens* :

« L'obscurité que nous avons signalée dans la législation » pharmaceutique devient, s'il est possible, plus intense en- » core dans la matière des remèdes secrets ; c'est une con- » fusion de décrets, d'ordonnances et de décisions judiciaires » au travers desquelles l'esprit le plus résolu hésite à s'en- » gager. »

Sources diverses de l'obscurité en cette matière.

Le décret de 1810 me paraît, quant à moi, fort clair, et je crois pouvoir signaler quelles sont, en cette matière, les sources de la confusion ; il y en a deux principales :

L'une repose sur un mot à double *sens*, celui de *remède secret*, qui signifie, tantôt un remède dont la vente n'est ni autorisée, ni licite, tantôt un remède, autorisé ou non, mais dont la composition serait en fait restée un mystère. C'est pour cela que j'ai préféré, au point de vue de la police, me servir de l'expression de *remèdes autorisés*. Eh bien, nous rencontrons dans les remèdes autorisés avant 1810, tout à la fois des remèdes autorisés *avec communication de la recette ou formule*, et d'autres autorisés *sans communication de la recette ou formule*, et dont, par conséquent, la composition était plus ou moins restée *un secret, un mystère* : c'est en vue de ces derniers seulement qu'a été fait le décret de 1810.

L'autre source d'obscurité et de confusion vient de ce qu'on n'a pas assez nettement distingué deux ordres d'idées essentiellement différentes et qui peuvent avoir cependant parfois une certaine connexité ; je veux parler de la *question réglementaire d'autorisation du remède, et de la question toute différente de sa propriété ou de son monopole*. On comprend très-bien que la réponse à cette question : la vente de tel remède est-elle licite? étant affirmative, s'élève cette autre question : est-elle permise au profit de tous ou au profit d'un seul qui en aurait le monopole? Dans la première hypothèse, il ne s'agit que d'une question de police à résoudre d'après les réglements existant : dans la deuxième hypothèse, il s'agit d'une question de propriété ou de monopole à résoudre d'après la législation sous l'empire de laquelle le remède a été autorisé, soit l'ordonnance de 1762 et la loi de 1791 qui admettaient le monopole, soit la loi de 1844 qui l'a supprimé.

Je ne dirai que peu de chose d'un décret du 25 prairial an XIII, qui ne traitait exclusivement que d'une question de police, et s'était occupé déjà des remèdes pourvus d'autorisations spéciales avant la loi organique sur la pharmacie du 21 germinal an XI.

Décret du 25 prairial an XIII.

Cette loi du 21 germinal ne reconnaissait, nous l'avons déjà dit, comme licites que la vente des *remèdes magistraux* et des seuls remèdes officinaux *inscrits au Codex*; fallait-il en conclure que la vente des remèdes, antérieurement autorisés, n'était plus désormais licite? On le prétendit, mais les intéressés réclamèrent, et c'est grâce à leurs obsessions auprès du gouvernement, qu'intervint le décret du 25 prairial an XIII, qui déclara que la loi de *germinal* ne devait pas être considérée comme applicable aux remèdes spécialement autorisés avant sa promulgation (art. 1er). Et comme parmi les intéressés, il pouvait s'en trouver qui ne fussent pas *pharmaciens*, ce décret autorise *les auteurs et propriétaires* de ces remèdes à les vendre *par eux-mêmes* (art. 2), ou par des dépositaires que devaient agréer, le préfet de police à Paris, les préfets, sous-préfets et maires en province (art. 3).

C'était là une question de police qui supposait à résoudre une question de propriété, et, en conséquence, lors de chaque application particulière, l'autorité eût été fondée à exiger qu'il fut justifié de l'existence d'un monopole subsistant encore avant d'accorder l'autorisation sollicitée, ce qu'il était facile de résoudre d'après la date des priviléges presque tous d'ailleurs octroyés sous l'empire de l'ordonnance de 1762. Cela fut-il fait? Peu m'importe, car une autorisation donnée par mesure de police réglementaire ne pouvait avoir pour effet de trancher une question de *propriété* de la compétence des tribunaux ordinaires; tout argument donc que le monopole essaierait de tirer, rétrospectivement en sa faveur, de l'application qui lui aurait été faite de ce décret, est un argument sans valeur et complétement impuissant.

Décret du 18 août 1810.

Arrivons au décret de 1810: Le Codex en vigueur, lors de la loi de germinal, était bien ancien déjà; c'était le Codex approuvé par arrêt de réglement du Parlement de Paris du 23 juillet 1748; aussi la loi de germinal avait-elle prescrit (art. 38) la rédaction d'un nouveau formulaire en harmonie avec les progrès d'une science plus moderne. En 1810 on se préparait, tardivement sans doute, mais enfin on se préparait à exécuter la loi de germinal an XI, en refaisant le Codex ; on se trouva en présence des remèdes spécialement autorisés avec ou sans communication de la recette ou formule ; qu'allait-on faire des uns et des autres?

Pour les remèdes autorisés avec communication de la recette ou formule il n'y avait pas grand inconvénient, car ils ne pouvaient tarder à être acquis au domaine public, s'ils n'y étaient déjà tombés; et s'ils étaient utiles et qu'on ne voulût pas attendre l'expiration du monopole, alors, mais alors seulement, il était nécessaire de les acheter *de leurs propriétaires*.

Distinction fondamentale des remèdes autorisés avec ou sans communication de la recette ou formule.

Pour les remèdes autorisés, *sans communication de la formule*, il en était autrement : c'était un abus qu'on ne pouvait tolérer plus longtemps; mais le délai du monopole fût-il écoulé, il restait *le secret* de leur composition que les inventeurs ou leurs ayant-cause se refuseraient sans nul doute à révéler ; il fallait donc, si le remède était utile et en valait la peine, traiter, composer, transiger avec eux, et en publier ensuite le secret pour rentrer dans les véritables principes *sagement protecteurs de la santé publique*. C'est précisément ce que fit le décret du 18 août 1810.

La distinction que j'indique s'y trouve formulée à trois reprises différentes : 1° dans le préambule qui parle des inventeurs autorisés en gardant *le secret* de leurs compositions; 2° dans l'article 2 qui déclare faire cesser, à partir du 1er janvier suivant, les permissions accordées aux inventeurs ou propriétaires de remèdes ou compositions *dont ils ont seuls la recette;* 3° et enfin dans l'article 8 déjà cité qui, statuant pour l'avenir, prohibe toute permission au profit de l'auteur *qui voudrait tenir sa composition secrète*. C'est donc un point parfaitement établi, que ce décret n'était pas fait pour s'appliquer aux remèdes autorisés avec communication de la formule, et qu'il devait se restreindre aux seuls remèdes autorisés sans communication de la recette ou formule.

Il y avait lieu de procéder à leur égard, comme nous l'avons dit plus haut en expliquant l'article 8, par voie d'achat *facultatif*, si le remède était jugé utile, moyennant *un prix* qui serait payé à l'inventeur pour *son secret*, dit l'article 3. C'est là, comme on le voit, quelque chose de tout différent du principe de l'expropriation pour cause d'utilité publique, puisqu'il était facultatif pour l'administration qui ne jugerait pas le remède utile, *d'en prohiber la vente tout en ne payant rien du tout.*

Ce décret, dont on s'accorde à faire l'éloge, rencontra des obstacles dans son application ; les inventeurs se refusèrent à communiquer au préalable leurs formules, et les membres des commissions, *en hommes honnêtes et consciencieux,* refusèrent de se prononcer sur la valeur de remèdes dont on ne voulait pas leur faire connaître la composition.

En présence de ces difficultés d'exécution, l'administration prit le parti de ne rien terminer, et, en déclarant que la législation lui offrait des obstacles dont elle ne pouvait triompher, elle maintint l'autorisation ou plutôt déclara qu'elle *tolérait* la vente de sept remèdes qui sont: *les pilules de Belloste, les grains de santé du docteur Frank, la poudre d'Irroë, la pommade de la veuve Farnier, la poudre de Sancy, la pommade de Kunkel,* et enfin *le rob de Boyveau-Laffecteur* (1).

La question de police ainsi tranchée par voie d'expédient est-elle bien ou mal résolue? Sans examiner ici cette question on peut toujours, sans crainte de se tromper, dire qu'il y a, *ou autorisation, ou simple tolérance.*

Solution de la question de propriété.

Mais en est-il de même de la question de *propriété légale* du remède? Quand elle est soumise aux tribunaux, ceux-ci peuvent-ils imiter ce que fait l'administration au point de vue de la police? Peuvent-ils se retrancher dans *l'obscurité et l'insuffisance* de la loi? Evidemment non. Il faut donc résoudre la question et elle n'est nullement insoluble; il suffit de se reporter à la date de l'autorisation et de voir si d'après la législation de cette époque le monopole existe encore. Seulement, ce premier point éclairci, il en restera un autre à examiner, c'est celui de savoir si le remède avait été autorisé avec ou sans communication de la formule :

S'il a été autorisé avec communication de la formule, c'est un devoir pour l'administration de la divulguer si le monopole a cessé,

(1) Voy. not. circulaire de l'Intérieur, 16 avril 1828 lettre du ministre de l'Agriculture et du Commerce, du 4 octobre 1855.

et, à défaut de l'administration qui sommeille, c'est un droit pour les intéressés de rechercher par tous les moyens possibles la vérité qu'on ne veut pas leur révéler.

Si le remède a été autorisé sans communication de la formule, alors le maintien de l'autorisation est nul, comme contraire à l'article 3 de la loi de **1844**, qui rappelle formellement l'administration à l'exécution du décret de 1810, il y aura lieu à poursuites correctionnelles; que si la question s'élève entre les inventeurs tolérés et leurs concurrents, alors les tribunaux décideront par voie d'expertise, car l'administration ne peut, *par le fait de sa tolérance* mettre le privilége et le monopole aux lieu et place de la libre concurrence; par le fait même de ces expertises, la véritable formule se manifestera, et ainsi sera sauvegardé le principe qu'il ne doit circuler aucun remède dont la composition ne soit connue.

En discutant cette distinction de police et de propriété à propos du décret du 18 août 1810, j'allais perdre de vue que, sur cette quatrième espèce de remèdes officinaux, comme sur les trois autres, mon but était de démontrer que l'emploi de la dénomination indicative des composants du médicament, était de l'*essence* des règles concernant la police pharmaceutique, et que, le principe de libre concurrence étant admis, le refus de l'usage de la dénomination *usuelle,* avec ou sans le nom, conduisait à l'absurde; j'avais cru pouvoir déduire cette vérité de l'inspection seule des textes réglementaires qu'on appelle le Codex et du décret du 3 mai 1850, en m'inspirant de l'esprit de l'un et de l'autre; mais j'oubliais que je suivais les seuls efforts de ma simple raison, et qu'aujourd'hui, quand on discute, il faut produire *des autorités, surtout des arrêts,* qui ne sont pas toujours des raisons; plions-nous donc aux nécessités de l'époque; je m'y résigne d'autant plus facilement que j'y trouverai le moyen de porter le coup de grâce à la doctrine que je combats.

Précédents de la jurisprudence et de la doctrine sur la dénomination indicative des composants.

On ne soupçonnera sans doute pas la Cour de Paris d'avoir voulu forger à l'avance les armes qu'elle me fournit pour m'élever contre sa désertion *momentanée* des vrais principes; mais l'unité pharmaceutique des dénominations lui paraissait tellement essentielle, que les 23 janvier et 17 juin 1829 (Dalloz, *V° Médecine,* n° 7) elle décidait :

« Qu'une substance simple et purement alimentaire, telle
» que du *sucre*, ou un *médicament composé suivant une*
» *formule du Codex*, doivent être considérés comme re-
» mèdes secrets (lisez médicaments non autorisés), lorsque
» celui qui les met en vente les désigne sous un nom *nou-*
» *veau*, différent de celui que leur donnait *l'usage ou le*
» *Codex*. »

L'inconvénient de ces dénominations multiples est trop évident pour n'avoir pas été prévu depuis longtemps; aussi les anciennes ordonnances consignées au *Livre vert du Châtelet de Paris*, enjoignaient-elles aux pharmaciens de mettre *sur les bouteilles, vases et boîtes* renfermant les médicaments, le nom des remèdes en *langue vulgaire;* et ces principes sont consacrés par un décret des 14-17 avril 1791 de notre première Assemblée constituante qui a aboli les *maîtrises et les jurandes*, et qu'on n'accusera pas d'avoir voulu entraver la liberté de l'industrie; ce décret porte :

« Que les lois, statuts et réglements pour la préparation,
» vente et *distribution* des médicaments continueront d'être
» exécutés suivant leur forme et teneur, sous les peines por-
» tées par ces lois et réglements. »

Ajouterai-je avec M. Trébuchet (*Jurisprudence de la Médecine et de la Pharmacie*, page 353) :

» Ces obligations dont l'infraction a entraîné, sous l'em-
» pire de l'ancienne législation, des condamnations sévères,
» n'ont rien perdu aujourd'hui de leur poids, et, moins que
» jamais, on ne peut s'en écarter. »

Mais il y a plus; il ne suffit même pas, pour qu'un remède puisse être annoncé et vendu, qu'on lui donne *un nom* quelconque *en langue vulgaire;* il faut encore que ce nom soit une dénomination *connue et autorisée;* c'est ce que décide encore une ordonnance du préfet de police de Paris, du 21 juin 1828 (Dalloz, V° *Médecine*, page 592). Cette ordonnance porte :

» L'annonce des remèdes secrets autorisés (lisez avant
» 1810) devra contenir *le titre tel qu'il est décrit dans*
» *l'autorisation*. »

Que dira le tribunal de commerce du département de la Seine, partisan des dénominations particulières à chaque concurrent, en réponse à cet argument de police qui couronne ma démonstration en ce qui concerne les remèdes officinaux, même de la quatrième espèce? S'il compte des pharmaciens au nombre de ses membres, ira-t-il, pour l'honneur des principes qu'il soutient, risquer de se faire traduire en police correctionnelle, et entrer en lutte avec le préfet de police de la ville de Paris?

Cependant je vois venir d'ici mes futurs contradicteurs et s'écrier avec le suprême dédain de l'ironie qui se croit triomphante: *mais* votre ordonnance du Préfet de police de **1828**, *mais* vos arrêts de la Cour de Paris de **1829**, mais votre décret de l'Assemblée nationale et constituante de **1791**, *mais* votre *Livre vert du Châtelet de Paris,* voilà qui est bien vieux et bien suranné; où avez-vous été *fouiller* (cela s'est dit en Cour impériale de Paris pour l'ordonnance de **1762**, que je n'ai pas inventée), où, dira-t-on, avez-vous été fouiller pour exhumer ces vieilleries dont nous n'avons que faire? Ce serait se tromper étrangement sur le caractère du raisonnement que je poursuis. Je ne suis pas, tant s'en faut, un antiquaire fanatisé et en extase devant une défroque moyen âge, seulement si j'insiste c'est pour réunir *en faisceau* les traditions des régimes les plus disparates et démontrer que j'argumente d'un principe d'une vérité permanente.

Mais puisqu'on veut du *neuf* renforçant le *vieux*, en voici: On ne niera sans doute pas que ces précédents plus modernes ne soient puisés dans les entrailles de la discussion actuelle:

Il s'agissait précisément des adversaires actuels de M. Giraudeau Saint-Gervais, *ci-dessus nommé;* la nouveauté d'une concurrence publiquement annoncée à MM. les *pharmaciens spécialistes* leur avait attiré une grêle de procès et de condamnations pour usage de la dénomination, propriété prétendue de l'inventeur; il fallait plier devant l'orage, et, en attendant la décision d'une juridiction supérieure, se conformer provisoirement à la doctrine des dénominations *propres* et *particulières* à chaque concurrent. Mais qu'en résulta-t-il? Entre autres produits que voulait fabriquer cette maison se trouvaient notamment: « *Le Sirop lénitif de Flon* » et la *Copahine Mège ;* elle imagina, toujours en attendant, de les étiqueter ainsi : *Sirop lénitif*, tout court, et : *Copahine en dragées, succédané de la Copahine Mège.*

L'essai ne fut pas plus heureux que l'emploi direct de la dénomination, car voici ce qui arriva de l'un et l'autre produit :

Le *Sirop lénitif, tout court*, sorti des laboratoires de cette maison, fut saisi chez M. Rataud, pharmacien à Saint-Denis, sur l'initiative des commissions administratives préposées à la surveillance *des officines de pharmacie*, parce qu'elles déclarèrent bien connaître le *Sirop lénitif de Flon, ou suivant la formule de Flon*, mais pas *le Sirop lénitif tout court*. Ces commissions n'avaient peut-être pas tort, car, avec ces dénominations indéfiniment multiples, comment se reconnaître dans la nomenclature pharmaceutique transformée en tour de Babel ? Heureusement qu'il fut expliqué à *M. Genreau*, juge d'instruction, que c'était là une dénomination toute provisoire, transitoirement employée en attendant la décision d'une juridiction supérieure. M. Genreau eut le bon esprit d'acquiescer à ces explications, et il s'ensuivit une ordonnance de non lieu. Cela se passait en 1857.

La *Copahine Mège*, étiquetée comme il a été dit plus haut, ne devait pas avoir d'aussi heureuses destinées. Saisie par le jury médical de la Meurthe, chez le pharmacien Ferry, elle fut condamnée par le tribunal correctionnel de Nancy. Sur l'appel du prévenu, la Cour de Nancy, probablement parce qu'elle vit là *une contravention* punissable indépendamment de toute intention, la Cour de Nancy, disons-nous, refusa d'ordonner une expertise tendant à prouver qu'il s'agissait, dans l'espèce, d'un médicament exactement composé des mêmes éléments que la *Copahine Mège*, et, le 6 février 1860, sur les conclusions conformes de M. le procureur général, la Cour rendit un arrêt longuement et solidement motivé ; cet arrêt consacre énergiquement d'abord ce que j'ai dit plus haut de la nécessité d'une dénomination indicative des composants du médicament, et il termine par le passage suivant que je me borne à rapporter :

« Attendu.... qu'on ne doit pas davantage s'arrêter à
» cette objection que la *Copahine en dragées* ne serait que
» la reproduction de la *Copahine Mège* qui serait, dit-on,
» autorisée;

» Qu'il est évident d'abord que ce n'est pas là ce qu'on » annonce et ce qu'on veut faire croire au public *par les in-* » *dications que l'on donne sur les étiquettes des boîtes,* » et dont les termes ont évidemment pour but de faire sup- » poser *une nouveauté;*

» Que ces indications portent en effet : *Copahine en* » *dragées, succédané de la Copahine Mège,* c'est-à-dire, » d'après le sens de cette expression, *succédané,* que l'on » peut substituer à la *Copahine Mège,*

» Qu'on doit d'ailleurs, d'après l'esprit de la législation qui » a eu ainsi pour but d'arrêter le *charlatanisme, qualifier* » *de remède secret, même les médicaments composés* » *suivant la formule autorisée, mais qu'on désignerait,* » *pour les présenter comme remèdes nouveaux, sous* » *un nom différent de celui sous lequel ils sont con-* » *nus.*

» Par ces motifs, etc., etc. »

Ainsi, voilà la maison dont s'agit correctionnellement condamnée dans la personne d'un de ses clients, accusée publiquement de charlatanisme par la Cour de Nancy, pour avoir essayé de pratiquer l'usage des dénominations particulières conseillé par le Tribunal de commerce de la Seine et par la Cour de Paris. C'est jouer de malheur sans doute ; mais quand d'autre part on songe à la puissance de l'argument qui résulte du fait de cette condamnation, ce serait, je crois, le cas, pour cette maison, de prendre son parti de la décision et de l'accepter avec calme et résignation en attendant que la jurisprudence *au civil,* momentanément *dévoyée,* veuille bien rentrer dans la route que nous lui verrons tracée par l'arrêt de cassation du 31 janvier 1860, et se mettre ainsi en harmonie avec la jurisprudence *au correctionnel.*

Je rougirais d'insister plus longtemps ; le législateur, interrogé aux époques les plus diverses de notre histoire, a toujours affirmativement répondu à la question que je pose ; résister davantage, ce serait sacrifier systématiquement l'intérêt général et *imprescriptible* de la santé publique ; ce serait judiciairement amnistier et consacrer la débauche du mercantilisme et du monopole exhalant *le parfum régénérateur* du vieux privilége agonisant, élevé à sa plus exquise et subtile puissance, et je me résignerais difficilement à voir là, avec la juridiction consulaire, *les principes sainement interprétés de la propriété commerciale*.

Application de la théorie qui précède au rob de Boyveau-Laffecteur.

Pour terminer, en ce qui concerne les remèdes autorisés avant 1810, il me reste à compléter ce que j'ai dit plus haut sur la distinction des questions de police et de propriété, à en faire l'application pratique qui en rendra l'intelligence plus facile; et puisque, parmi ces rares médicaments, sources de controverse cependant si opiniâtre, c'est pour l'instant le rob de Boyveau-Laffecteur qui occupe le haut du pavé, parlons du rob de Boyveau-Laffecteur. L'examen auquel je vais me livrer, en ce qui le concerne, démontrera ce qu'il y aurait à faire pour les autres.

On trouvera à la fin de cette brochure l'histoire que M. Soubeiran s'est chargé d'en tracer de main de maître; je lui laisse la parole, quant aux détails, pour m'occuper exclusivement des faits importants au point de vue juridique.

Lettres patentes du 12 septembre 1778.

Je ne rechercherai donc pas si Boyveau, médecin et inventeur pudibond, a cru devoir se cacher d'abord sous le nom de Laffecteur, employé au ministère de la guerre, et s'étayer du crédit de ce dernier pour *enlever* l'autorisation qui lui fut octroyée par lettres-patentes du 12 septembre 1778;

Je ne rechercherai pas davantage si, à cette même époque du 12 septembre 1768, le *bon roi* Louis XVI, siégeant en son conseil, privilégia *de confiance* ce qu'il ne connaissait pas encore, et ce qui fut seulement l'objet ultérieur de l'examen de la Société royale de médecine dans ses séances des 10 septembre (1779) et 7 avril (1780);

Je ne rechercherai pas si c'est, ou non, par un *lapsus calami*, que le *millésime* trop significatif de ces deux séances disparaît, et qu'il reste seulement le surplus des éléments de la date dans la notice de M. Giraudeau (page 25);

Je n'examinerai pas non plus s'il serait en conséquence vraisemblable (*Gazette de santé* du 15 octobre 1778) que l'autorisation primitive fut temporaire et à titre d'essai.

Je ne rechercherai pas tout cela; ce sont là de petites misères, et il serait trop cruel de chicaner Boyveau et Laffecteur sur de pareilles vilenies dans la personne, assurément innocente, de leur successeur actuel. Je préfère m'en rapporter au témoignage de M. Giraudeau Saint-Gervais lui-même, dans sa notice sur la *Méthode végétale*. Or, j'y remarque les deux faits importants que voici :

Double point de fait important à noter.

1° Page 6 : j'y trouve le texte des lettres-patentes du 12 septembre 1778 (rapportées à la fin de cette brochure) et j'y note qu'elles sont conçues sans aucune détermination de la durée du privilége ;

2° Page 25 : j'y trouve qu'une commission de la Société royale de médecine composée de huit membres, MM. *de Lassone, Geoffroy, Lorry, Bucquet, Macquer, Poullier de la Salle, Montigny* et le duc *de Larochefoucauld*, fut chargée d'examiner et d'expérimenter le remède, *après l'avoir, au préalable, préparé suivant la recette communiquée par Laffecteur, et avec les drogues que les commissaires s'étaient eux-mêmes procurées*, le tout résultant d'un procès-verbal signé Vicq d'Azir, *secrétaire perpétuel.*

Il ne m'en faut pas d'avantage ; les lettres patentes du 12 septembre, étant conçues sans expression de durée, il en résulte que quinze ans plus tard, aux termes de l'ordonnance de 1762, en l'an Ier de la République, la dernière heure du monopole avait sonné, et, si Boyveau et Laffecteur étaient les *auteurs*, ils n'étaient *plus les propriétaires* du remède ; il n'y avait pas lieu de leur appliquer plus tard le décret du 25 prairial an XIII, et si le contraire a eu lieu, je m'en inquiète peu, car ainsi que je l'ai dit, une simple autorisation ou tolérance de police ne peut avoir la prétention de trancher une question de propriété ; par la même raison, il n'y avait pas lieu de songer à leur faire l'application du décret de 1810, car il n'y avait pas à racheter, même facultativement, et pour le bien-être de tous, ce qui était acquis au domaine public.

Il n'y avait pas même à prétexter *du secret* à racheter malgré l'expiration du monopole, puisque le remède avait été autorisé *avec communication de la formule*, ce qui, à tout événement, rendait inapplicable le décret de 1810 ; il ne restait plus qu'un devoir à remplir par l'administration, celui de proscrire la vente du remède s'il était mauvais, ou d'en divulguer la formule s'il était utile; et, si l'administration ne remplissait pas ce devoir, il restait aux concurrents le soin de se la procurer comme ils le pourraient; ce devoir, l'administration l'a rempli, peut-être sans le savoir, et, aussi *sans le vouloir*, par l'indiscrétion des commissaires chargés de faire le Codex de 1818, ainsi que nous le verrons dans un instant.

Ainsi, et en résumé, il est bien démontré juridiquement que le rob de Boyveau-Laffecteur est dans le domaine public depuis longtemps, et que, quand a été promulguée la loi du 5 juillet 1844, son article 3 a pu le saisir sans produire aucune espèce d'effet rétroactif.

Mais en fait pourrait-il être élevé quelque doute sur sa véritable composition? J'en serais peu touché, car à supposer que sa composition soit restée secrète, alors en vertu de la loi de 1844 qui renvoie au décret de 1810, la vente en serait *illicite*, car ce décret prohibe, *pour l'avenir*, toute autorisation de remèdes dont l'auteur voudrait tenir la composition secrète et ne permettrait pas la divulgation ; mais alors M. Giraudeau serait en *état de délit permanent*, et ne pourrait trouver en cela la source du droit d'inquiéter ses concurrents.

La composition de ce médicament ne peut même pas être réputée mystérieuse.

Mais il ne reste même pas au rob la ressource insuffisante d'un voile mystérieux ; M. Soubeiran (voyez l'*Extrait* de sa brochure) l'a parfaitement démontré.

Le rob n'est, dit-il, qu'un *sirop de salsepareille composé*, tout à fait analogue à celui du Codex; sa composition ne pouvait rester un mystère, car neuf personnes avaient été mises dans la confidence, et voici les preuves qu'il en donne :

C'est d'abord le témoignage de *Pelletan* dans sa *Clinique chirurgicale;* il nous apprend, comme le tenant de l'homme le plus véridique qu'il connût, que le rob n'était autre que le sirop de Cuisinier (nom vulgaire du sirop de salsepareille) avec substitution de *la coriandre* à *l'anis*.

Mais voici en deuxième lieu qui est plus précis: c'est le témoignage de Van Mons : Laffecteur ayant été chargé de fournir son rob, pour le service de la marine, en communiqua la formule ; Van Mons *l'exécuta* en personne pour un commissaire de la marine française qui, lui-même, avait assisté à la communication. Van Mons put ainsi la publier dans sa *Pharmacopée usuelle* de 1822.

M. Soubeiran déclare, en outre, avoir la formule par hasard, comme ayant succédé à l'un des commissaires, et il termine par une citation décisive du Codex de 1818, que je compléterai en donnant en entier le passage de l'édition française. Après avoir indiqué le mode de préparation du sirop de salsepareille, *dit de Cuisinier*, le Codex s'exprime ainsi :

Annotation importante du Codex de 1818.

« N. B. — Le rapport de la salsepareille, à la quantité totale du sirop, sera à peu près de 1,000 de salsepareille pour 3,000 de sirop. La proportion des autres substances est *peu considérable*; car, pour ne parler que du séné, sa proportion pour 6 onces de sirop surpasse à peine un gros ou 1/48e.

» Dans le principe le rob *antisyphilitique* et tant vanté différait très-peu (*parum admodùm*) ou même *point du tout* (*aut prorsùs nihil*) du sirop que nous venons de décrire, soit quant à la nature des médicaments et *à leurs mutuelles proportions, soit quant au mode de préparation;* mais ce rob a le tort de *tous les arcanes*, c'est de pouvoir être facilement changé dans la suite par les inventeurs eux-mêmes, à l'insu des *médecins qui seraient cependant les plus intéressés à connaître ces changements, et, pour lors, de ne plus répondre aux indications qu'on se propose de remplir dans leur administration.* »

Après une telle citation, émanée de commissaires puisant à la source officielle, toute espèce de doute disparaît ; c'est l'administration elle-même qui s'est chargée de nous éclairer. Je m'étonne dès lors que M. Pataille insiste sur les expressions *parum admodùm* sans tenir compte de celle-ci : *prorsùs nihil.* Ces différences roulent sur des pointes d'aiguille, elles sont complétement insignifiantes, comme nous l'affirme M. Soubeiran ; elles ne sont rien d'ailleurs, relativement aux différences que le rob présente, comparé à lui-même aux différentes époques de son exploitation ; la prétendue constance de sa composition est un mythe qui réduit à l'état de *comédie* la remise de la *formule* solennellement faite sous pli cacheté aux détenteurs actuels; le Codex de 1818 est donc, si je ne m'y trompe, le réquisitoire implacable et foudroyant de M. Soubeiran transformé en acte d'accusation officielle.

Est-il besoin de répondre enfin à l'argument tiré de deux arrêts: l'un de la Cour de Metz du 5 mars 1856 qui, sur les poursuites à fin correctionnelle, a acquitté des débitants du rob de Boyveau-Laffecteur ; l'autre de la Cour de Paris du 20 novembre 1847, relatif à la poudre d'Irroë.

Le premier de ces arrêts, celui de la Cour de Metz (*Annales*, page 97), statue sur une question de police qu'il confond avec la question de propriété, et il ne répond en rien à l'argument très-précis et très-catégorique tiré, soit de l'ordonnance de 1762, soit de la distinction écrite dans le décret de 1810 et développée plus haut.

J'en dirai autant de l'arrêt de la Cour de Paris (*Annales*, page 96) sur la poudre d'Irroë ; c'est toujours la même confusion entre la question de police et la question de monopole réglée par l'ordonnance de 1762, dont il n'est nullement parlé dans cet arrêt. Je me suis d'ailleurs expliqué sur ce prétendu droit *d'expropriation* qu'aurait consacré le décret de 1810 ; et, quand la question se présente sous un jour tout nouveau, il est bien permis d'écarter des arrêts qui ne se sont pas préoccupés de cette question toute neuve.

Objection et réponse.

On m'objectera peut-être que les concurrents du Rob sont parfaitement libres de préparer, pour le lui opposer, le Sirop de salsepareille composé.

La réponse est facile; grâce à la tolérance administrative dont il se couvre, et grâce aussi à la *fausse application* du décret du 25 prairial an XIII, M. Giraudeau, qui n'est pas pharmacien, vend une substance connue en la parant d'un nom d'emprunt : toute marchandise qui sort de ses laboratoires pour être *illégalement* livrée à la circulation, est autant de soustrait au droit de vente *légitimement* réservé aux *seuls pharmaciens*. Ce n'est donc pas se montrer trop exigeant que de revendiquer l'usage de la dénomination au profit des pharmaciens ou fabricants de produits pharmaceutiques, pour leur permettre de lutter, à leur tour, contre une concurrence aussi anormale, d'ailleurs environnée de toutes les séductions de la publicité; ce n'est pas trop que de leur faire cette concession, car autrement, ce serait le cas de répéter toujours avec la Cour de Cassation :

« Que, reconnaître à l'inventeur ou premier préparateur le » droit exclusif de se servir de ***sa dénomination***, ce serait » maintenir à son profit, ***pour l'annonce et le débit*** de ce » médicament, *un monopole que la loi lui refuse.* »

Et si l'usage de la dénomination reparaît ici encore comme un droit, il en est aussi de même des expressions « suivant la formule de Boyveau-Laffecteur, » car déjà j'ai démontré plus haut que ces deux noms entrent, comme élément nécessaire, dans la désignation de la chose.

C'est encore bien plus le cas d'acquiescer à cette légitime prétention, quand le concurrent fait suivre cette dénomination de l'indication suivante : ***Sirop de salsepareille composé, Codex n° 450***, pour indiquer au public qu'il s'agit d'un produit substantiellement composé des mêmes éléments que le remède inséré au Codex; quand il échappe ainsi au reproche de se constituer ***en état de déloyauté permanente***, vis-à-vis du public, comme vendant une substance connue ***parée d'un nom d'emprunt*** (passage ci-après cité de M. Soubeiran), ce n'est pas le cas de le flétrir d'une condamnation pour ***concurrence déloyale***; je vois au contraire dans cette particularité le cachet indélébile d'une différence qui distingue profondément la fabrication individuelle des deux produits rivaux; c'était cependant là l'espèce soumise au tribunal de commerce de la Seine, le 22 mai 1856; il aura sans doute considéré que c'était là une observation oiseuse et sans portée; mais, dans mon indépendance de critique que j'entends me réserver entière et absolue, je maintiens qu'elle avait, au cas particulier, la plus haute signification.

Caractère de la publicité pratiquée par M. Giraudeau Saint-Gervais.

Je ne voulais pas m'appesantir sur le système de publicité pratiqué par les soi-disant propriétaires du ***Rob***, laissant au discours de M. Soubeiran le soin, sous ce rapport, de compléter mon travail;

mais pendant que cette brochure s'imprime, M. Giraudeau vient de faire distribuer, à la date du 4 courant (4 juin 1860), un prospectus destiné à MM. les pharmaciens et dont on trouvera plus loin le texte entier; je ne voudrais pas en priver la curiosité du lecteur, avec d'autant plus de raison, que l'appréciation à faire du caractère de la publicité pratiquée rentre dans le cadre de la discussion actuelle.

Analyse de son prospectus.

Voici donc l'analyse de ce prospectus : par celui-ci, on pourra juger de ce que pouvaient être les autres que je ne connais pas.

Il consiste en une simple petite feuille exactement remplie à son *recto* comme à son *verso*.

Au *recto* d'abord, nous voyons, qu'en dépit du Codex et de M. Soubeiran, LE ROB BOYVEAU-LAFFECTEUR, préparé avec le plus grand soin, *est bien supérieur* à tous les sirops dépuratifs dits de *Larrey, de Cuisinier, de salsepareille, de saponaire, etc.*

Il remplace *avantageusement* plusieurs médicaments, « le sirop antiscorbutique, l'huile de foie de morue, les essences de salsepareille, ainsi que toutes les préparations à base d'iode, d'or, etc. »

« En purifiant les humeurs, le Rob régénère le sang et *harmonise les fonctions vitales* » et il guérit surtout dix-huit maladies principales, sans parler de beaucoup d'autres encore.

Mais c'est au *verso*, surtout, que se trouvent les renseignements de la plus haute importance :

Le rob se vend 15 francs la bouteille de 1,100 grammes, et 7 francs 50 centimes la demi-bouteille de 500 grammes ; mais tout pharmacien qui fera directement au docteur Giraudeau Saint-Gervais la demande de dix bouteilles aura droit à :

« 1° 50 pour cent de remise, emballage gratis;
» 2° 45 jours de terme;
» 3° *Une médaille d'encouragement en bronze doré;*
» 4° Une bouteille *vide pour montre;*
» 5° Un Manuel de la santé. »

Il est bon de faire observer de suite, à titre de renseignement pris au bas dudit verso, que le *Manuel de la santé* est du docteur Giraudeau, et que MM. les pharmaciens peuvent se le procurer avec

33 pour cent de remise. Ce Manuel, « outre la description des maladies, contient 160 recettes ou formules qui leur sont applicables; » la possession de ces 160 recettes ou formules devient inappréciable pour MM. les pharmaciens, car de deux choses l'une :

Ou ces formules sont déjà au Codex, et alors c'est une doublure commode de ce formulaire;

Ou ces formules n'y sont pas insérées, et alors ce serait pour MM. les pharmaciens un moyen de se procurer la distraction de la police correctionnelle, *pour vente de remèdes secrets*, s'ils font l'annonce et le débit de ces formules, ou pour immixtion dans l'exercice de la médecine, s'ils les *prescrivent* et *les livrent* sans ordonnance du médecin.

Le pharmacien qui pousserait sa commande jusqu'à 25 bouteilles, aurait droit, en outre des cinq avantages ci-dessus numérotés, à « des lettres en cuivre » qui lui permettraient, sans bourse délier, de faire reluire les mots « Rob B.-Laffecteur » sur la porte ou la devanture de son officine.

S'il faisait un troisième et dernier effort, et poussait jusqu'à 50 bouteilles, il pourrait conquérir *la faveur spéciale* attachée à la *vente en gros de France et de l'étranger*. En quoi consiste cette faveur spéciale? C'est ce que ne dit pas le prospectus, probablement pour ménager aux clients le plaisir de la surprise ; dans tous les cas, ce doivent être des avantages fabuleux et étourdissants à *discuter*, *pondérer* et *arrêter* dans le recueillement du cabinet, avec le calme et la gravité commandés par la circonstance; mais j'y pense, ce serait peut-être, pour faire le pendant de la *médaille d'encouragement*, le buste en plâtre ou le portrait en pied du propriétaire actuel; avec l'une et l'autre on aurait une galerie complète des propriétaires du Rob, et ce serait désormais là, pour l'heureux acheteur, une relique sacrée qui lui permettrait de transmettre à sa famille *l'image chérie* de ces grands bienfaiteurs de l'humanité.

Voilà qui est d'une générosité sans exemple; quand on prodigue ainsi les trésors de sa munificence, il serait bien cruel de ne récolter que l'ingratitude ; mais MM. les pharmaciens n'hésiteront sans doute pas ; *l'emballage gratis* s'ajoutant aux 50 pour cent de remise me paraît leur offrir tous les attraits d'une irrésistible séduction, sans compter qu'ils trouveront du même coup l'occasion de garnir leur montre et d'illustrer leur devanture; mais ce qui doit surtout les pénétrer d'une vive et ineffable reconnaissance, c'est *la médaille d'encouragement en bronze doré;* la bienheureuse médaille ne peut manquer de se porter en sautoir ou tout au moins à la boutonnière, et on pourra ainsi, sans trop de peine ni d'argent, se procurer l'honneur et le bonheur d'être décoré de la main de .... M. Giraudeau Saint-Gervais,

Appréciation du caractère de cette publicité.

Qu'on me passe cette boutade à propos des écarts du prospectus et de la réclame; il n'a été nullement dans mon intention de réveiller contre MM. les pharmaciens des plaisanteries qui seraient aujourd'hui déplacées; c'est au prospectus seul que je me suis attaqué, et leur bon sens en avait d'avance fait justice.

Je suis cependant d'une excessive tolérance; j'admets à la rigueur qu'on passe sur *les liquidations sans fin* dont chaque saison donne l'inévitable signal; j'admets qu'on puisse rire des excentricités qui convoquent le public parisien à l'envahissement du *Passage du Grand Cerf;* si on se laisse prendre à l'appât tentateur d'un *bon marché* impossible, d'un rabais qui défie tous les prix connus, il n'y a pas grand mal; cela n'attaque en définitive que la bourse; résignons-nous donc, et laissons passer ces saturnales de la *haute nouveauté.* Mais quand il s'agit de la vie, quand il s'agit de la santé du public, oh! alors c'est quelque chose de tout différent; il n'est plus permis, je le répète avec M. Philippe Dupin, de livrer la crédulité publique à tous les débordements du charlatanisme; ce n'est pas trop, M. Soubeiran l'a dit de son côté, de l'honnêteté et de *tous* les efforts de *tous* pour tonner contre un pareil scandale; et quand on a fait à ce scandale l'honneur d'une discussion calme et réfléchie avec les seules armes de la froide raison, il est bien permis de laisser déborder son indignation et d'achever son adversaire en le courbant sous le poids du ridicule. Qu'ils tombent donc, aux applaudissements de tous, ces pâles et timides contrefacteurs d'un système usé de médailles d'encouragement qui, franchement du moins, affronte les places publiques; que ces marchands soient, une bonne fois enfin, chassés honteusement du *Temple*, et surtout qu'ils ne se plaignent pas d'être *publique-*

ment frappés avec les engins de *publicité* par eux livrés à l'impression, rue Garancière, n° 5.

J'allais oublier, pour clore cette discussion sur le rob, deux arguments produits pour écarter l'application de l'ordonnance de 1762, et qu'il suffit de citer pour les réfuter.

Réfutation des deux autres objections.

Voici ces deux arguments : c'est que l'ordonnance de 1762 serait applicable aux seuls priviléges *en fait de commerce*, et que d'ailleurs les lettres-patentes du 12 septembre 1778, autorisant le rob, ont bien pu déroger à l'ordonnance de 1762, de même que souvent *un décret impérial postérieur* peut avoir pour effet de rapporter un décret impérial *antérieur*.

Mais est-ce que les pharmaciens ayant une enseigne, une officine ouverte au public, achetant pour les transformer les matières premières qu'ils lui revendent, ne seraient pas par hasard des commerçants pouvant apprécier les quarante-cinq jours de terme que leur offre M. Giraudeau? et si ce dernier n'est pas lui-même commerçant au premier chef, pourquoi s'avise-t-il d'introduire des instances *en abus de titre et d'étiquette commerciale?*

L'argument d'abrogation me paraît encore plus curieux; tandis que l'ordonnance de 1762 est *une véritable loi* émanée de la royauté agissant dans la sphère de ses pouvoirs à cette époque, les lettres-patentes de 1778 ne sont qu'un acte administratif *spécial et individuel*, un simple titre privé, délivré seulement par l'administration parce que cette délivrance se rattache *à un intérêt général*, celui de la santé publique, et ce titre, parfaitement conciliable avec l'ordonnance, aurait sapé cette dernière par sa base! autant vaudrait dire qu'une concession faite à une compagnie par décret rendu en conseil d'Etat, ou d'une mine ou d'un desséchement de marais, a pour effet d'abroger, soit la loi sur les mines du 21 avril 1810, soit celle du 16 septembre 1807 sur le desséchement des marais!!!

Qu'on réfléchisse d'ailleurs aux conséquences bizarres du système que je combats à propos de l'ordonnance de 1762; voici en effet ce qu'elle aurait consacré si l'interprétation qu'on en donne pouvait être vraie :

S'agit-il de la première des futilités venue livrée à la consommation quotidienne, le public serait protégé contre les exigences de l'inventeur par la limite assignée à la durée de son monopole.

S'agit-il au contraire de l'intérêt général et imprescriptible de la santé publique ; alors cette garantie disparaîtrait ; le monopole serait éternel ! Mais la raison proteste contre une telle énormité, contre une pareille inconséquence.

Il serait puéril de pousser la démonstration plus loin, et la réponse qui précède suffit, sans qu'il puisse m'être jamais nécessaire d'en présenter le développement ultérieur.

Nous pouvons maintenant passer à notre troisième partie, et exposer rapidement l'espèce de la contestation qui a donné lieu à l'arrêt de la chambre civile du 31 janvier 1860.

CHAPITRE III.

TEXTE DE L'ARRÊT DE CASSATION DU 31 JANVIER 1860.

Une Société Charpentier et Comp. s'était formée dans le courant de l'année 1855, dans le but de faire concurrence aux pharmaciens dits spécialistes en se fondant sur la disposition de l'article 3 de la loi du 5 juillet 1844; c'est à l'occasion de la fondation de cette Société que MM. les fermiers d'annonces publièrent cette curieuse circulaire dont j'ai parlé plus haut.

La prétention émise par cette Société troublait profondément les inventeurs dans l'exercice d'un monopole de fait qui, jusqu'alors, ne leur avait pas été sérieusement disputé; aussi fut-elle accueillie par de nombreux procès à sa naissance; j'ai eu l'occasion de citer quelques-unes des décisions qui en résultèrent.

Elle eut à lutter, entre autres, avec M. Giraudeau Saint-Gervais pour la vente du rob végétal dépuratif qu'elle vendait « *selon la formule de Boyveau-Laffecteur* » en y ajoutant d'ailleurs les énonciations du Codex relatives au sirop de salsepareille, à l'effet d'indiquer que c'était un remède substantiellement composé des mêmes éléments (c'est d'ailleurs ce que j'ai déjà dit plus haut).

Quoi qu'il en soit, Giraudeau se prétendant, au début de l'instance, propriétaire du remède dont s'agit, assigna MM. Charpentier et Comp. à l'effet « de leur faire interdire l'usage de la dénomination de Rob végétal dépuratif et des noms de Boyveau-Laffecteur. Un pharmacien chez lequel des dépôts avaient été effectués, M. Hureaux, fut compris dans la poursuite, et, le 22 mai 1856, le Tribunal de commerce rendit un jugement ainsi conçu :

Jugement du 22 mai 1856.

« Le Tribunal, en ce qui touche Charpentier et Comp.,

» Sur la non-recevabilité de l'action,

» Attendu que la propriété légale du remède dont s'agit » n'est point en cause, que le tribunal n'a point à s'en occu- » per, qu'il soit inscrit au Codex ou spécialement autorisé ou » même simplement toléré par l'administration ;

» Qu'il s'agit seulement d'une instance commerciale en » abus de titre et d'étiquette, pour laquelle une action en » justice ne saurait être refusée au demandeur.

» Au fond : — Attendu que ce n'est pas l'usage de la for- » mule elle-même qui est employée par le demandeur pour » sa préparation qui peut être interdit à Charpentier et » Comp., s'ils ont ou croient en avoir les éléments; que cet » usage en matière pharmaceutique est de droit commun et » d'intérêt général ; — Attendu que cette formule ils doivent » pouvoir l'exploiter en leur propre nom, en la couvrant de » telle dénomination qui leur conviendra et qui leur serait » particulière; mais qu'il doit leur être interdit, en vertu des » *principes sainement appliqués de la propriété com-* » *merciale*, de se servir, de quelque manière que ce soit, du » nom d'autrui, pour recommander leurs produits, si ce nom » n'est pas tombé dans le domaine public ;—Attendu que l'an- » nonce de ce nom, appliquée même seulement comme rappel » d'une formule, n'est qu'un moyen d'éluder ce principe; qu'elle » constitue également un abus déloyal et qui doit être réprimé » aussi bien que l'usage direct du nom du premier prépara- » teur, ou de dénominations similaires, trop faciles à con- » fondre avec celles appliquées par lui originairement; — » Attendu que Giraudeau Saint-Gervais établit qu'il est » bien propriétaire du nom et du titre de *rob végétal dépu-* » *ratif de Boyveau-Laffecteur*, qu'il s'ensuit que c'est avec

» raison qu'il demande que ces dénominations soient inter-
» dites à Charpentier et Comp.;

» En ce qui touche les dommages-intérêts : — Attendu qu'il est justifié d'un préjudice éprouvé jusqu'à ce jour, » dont la réparation, d'après les éléments que possède le tri- » bunal, doit être fixée à 1,000 francs : — En ce qui touche » la publicité requise : — Attendu que la cause ne fournit » pas d'éléments suffisants pour que cette réparation doive » être appliquée;

» En ce qui touche Hureaux : — Attendu que c'est vaine- » ment que ce défendeur demande à être mis hors de cause ; » que l'intérêt commercial qui le lie à Charpentier et Comp. » et qui le dirige ne saurait être contesté à son égard, et par » les mêmes motifs qui précèdent ;

» Fait défense à Hureaux et Charpentier et Comp. de se » servir, à l'avenir, sous quelque forme que ce soit et » pour aucun des médicaments qu'ils peuvent préparer, des » dénominations de *rob végétal dépuratif de Boyveau-* » *Laffecteur* ou *suivant la formule de Boyveau-Laffec-* » *teur*, sinon, dit qu'il sera fait droit ; — Condamne Hu- » reaux et Charpentier et Comp. solidairement par toutes les » voies de droit et même par corps, conformément aux lois » des 17 avril 1832 et 13 décembre 1848, à payer à Girau- » deau Saint-Gervais la somme de 1,000 francs à titre de » dommages-intérêts ; — Dit qu'il n'y a pas lieu de faire » droit sur les autres fins et aux conclusions du demandeur ; » — Condamne Hureaux et Charpentier aux dépens. »

M. Giraudeau accepta le jugement sans aucune réserve, et sur l'appel, se borna à conclure à la confirmation pure et simple qu'il obtint le 15 mai 1858 ; ajoutons que sur l'appel, M. Hureaux avait disparu de la cause par suite d'un désistement accepté par M. Giraudeau : ces deux grands maîtres, en fait de publicité, étaient assurément bien dignes de s'entendre.

Arrêt de la Chambre civile.

L'affaire ayant été portée à la Cour de Cassation se présentait le 31 janvier dernier, et il intervint à cette date un arrêt ainsi conçu :

« La Cour : — Vu les articles 3 de la loi du 5 juil-
» let 1844, et 32 de la loi du 21 germinal an XI ; — Attendu
» que le litige entre les parties n'a point eu pour objet l'ex-
» ploitation d'un remède selon la formule, laquelle a été, au
» contraire, reconnue de droit commun en matière pharma-
» ceutique, mais seulement la dénomination sous laquelle ce
» remède serait désigné dans les annonces des pharmaciens
» Charpentier et Comp. ; — Attendu que lorsqu'il n'est pas
» contesté que la fabrication et l'exploitation d'un produit in-
» dustriel sont entrées dans le domaine public, comme celles
» d'un médicament dans le domaine commun de la phar-
» macie, il faut reconnaître qu'elles y entrent avec la faculté
» ouverte dans ce dernier cas à tous les pharmaciens de l'an-
» noncer et de le débiter sous la dénomination qui sert, dans
» l'usage, à le désigner ; *que, réserver à l'inventeur ou au*
» *premier préparateur le droit exclusif de se servir de*
» *cette désignation, serait maintenir à son profit, pour*
» *l'annonce et le débit de ce médicament, un monopole*
» *que la loi lui refuse ;* que, spécialement, en obligeant
» les pharmaciens à changer le nom sous lequel un remède
» est connu, pour y substituer une dénomination nouvelle et
» particulière, *on risquerait de les mettre en contradic-*
» *tion avec les règles de leur profession, et de les exposer*
» *au reproche d'annoncer un remède secret ;* — Attendu
» que l'application de ces principes peut s'étendre *à la dési-*
» *gnation dont le nom de l'inventeur ferait partie, si,*
» *dans l'usage et par le fait même de l'inventeur, son*
» *nom est devenu l'élément nécessaire de la désignation*
» *d'un produit ;* que, sans doute, ses concurrents ne pour-
» raient, sans porter atteinte aux droits qui continuent de
» lui appartenir, emprunter son nom de manière à induire
» le public en erreur *sur l'individualité du fabricant et*
» *la provenance des produits ;* mais qu'à la charge de don-
» ner des indications suffisantes pour prévenir toute mé-
» prise à cet égard, il peut, dans certains cas, leur être permis
» d'employer, comme rappel d'une formule tombée dans le
» domaine public, la désignation passée en usage, *avec le*

» *nom qui en serait devenu partie nécessaire;* — Et at-
» tendu, en fait, que Charpentier et Comp., *auxquels on*
» *n'a point contesté* la faculté de fabriquer et de débiter le
» remède dont il s'agit au procès, ont demandé par leurs con-
» clusions à être autorisés à se servir de la dénomination de
» *rob dépuratif végétal selon la formule de Boyveau-*
» *Laffecteur,* à la charge par eux de rédiger constamment
» leurs annonces et étiquettes de manière à expliquer claire-
» ment l'origine du produit comme sortant de leur labora-
» toire, et non de celui des ayant-cause de Boyveau-Laffec-
» teur; — Attendu que, sans examiner si l'emploi de ce nom
» était devenu l'élément usuel et nécessaire de la désignation
» du produit, la Cour impériale de Paris, se fondant, *non sur*
» *une appréciation de faits et d'intentions, mais sur le*
» *principe d'un droit absolu de propriété qu'elle a re-*
» *connu à Giraudeau, relativement à ladite dénomina-*
» *tion,* en a tiré la conséquence générale que tout usage par
» un concurrent de cette dénomination, même seulement
» comme rappel d'une formule, est un moyen d'éluder le
» principe et un abus, qu'elle a fait défense à Charpentier
» et Comp. de s'en servir sous quelque forme que ce soit, et
» ne leur a permis d'exploiter la formule du remède dont il
» s'agit qu'en la couvrant *d'une dénomination qui leur*
» *soit particulière;* — En quoi ladite Cour a violé les arti-
» cles susvisés; — Casse et annule l'arrêt rendu par la Cour
» impériale de Paris, le 15 mai 1858; remet la cause et les
» parties au même et semblable état qu'avant l'arrêt attaqué,
» et pour être fait droit, les renvoie devant la Cour impériale
» d'Orléans. »

Je me suis borné à rapporter simplement le texte du jugement et de l'arrêt de la Cour de Cassation; car, après la discussion à laquelle je me suis précédemment livré, il est clair que l'arrêt consacre le système que j'ai soutenu sur l'usage de la dénomination *avec ou sans adjonction du nom;* il consacre même substantiellement les arguments que j'ai tirés des exigences *spéciales de la police pharmaceutique.*

Si la Cour d'Orléans se range à cette doctrine, elle n'aurait plus qu'à se prononcer sur la question de savoir, si les noms de Boyveau et Laffecteur font ou non partie nécessaire de la désignation ; et, sur ce point, je crois avoir démontré déjà l'affirmative; car, en outre qu'il y aurait le long usage justifiant cette solution pour un produit ordinaire, il y a encore des raisons particulières tirées de la nature spéciale du produit et des dispositions réglementaires relatives à l'exercice de la pharmacie.

Quant à la question toute particulière et spéciale de la propriété du remède que consacrerait une législation transitoire, c'est une question intéressante sans doute, et devant la discussion de laquelle je n'ai nullement reculé; mais pourra-t-elle être soumise à la Cour d'appel d'Orléans? j'en doute fort.

M. Pataille a commis une inexactitude en disant que, devant toutes les juridictions, M. Giraudeau avait revendiqué ce droit de propriété; il s'est borné, en effet, à l'invoquer, *comme moyen seulement* dans l'assignation introductive d'instance pour faire interdire l'usage de la dénomination ; il y a trace dans ce jugement que ses adversaires auraient accepté la discussion sur ce terrain; mais on est, au contraire, parti du principe opposé; M. Giraudeau a déserté ce terrain brûlant, accepté le jugement, et conclu sur l'appel à la confirmation pure et simple. C'est en Cour de Cassation, pour la première fois, et à l'appui de son mémoire en défense signé de Me Reverchon, qu'il a longuement développé son système de propriété, et le texte de l'arrêt démontre assez ce qu'en a pensé la Chambre civile, qui a repoussé cette prétention nouvelle comme ne rentrant pas *dans l'objet* de la contestation. Devant la Cour d'Orléans, saisie par renvoi de la Cour de Cassation, *il est trop tard* pour rentrer dans ce débat, car la Cour de renvoi statue sur le débat tel qu'il était posé devant la première Cour; elle est appelée à s'associer à la doctrine de la première Cour ou à la répudier, mais elle ne peut être saisie d'*une demande nouvelle*, même par voie d'appel incident; la situation particulière s'y oppose.

Il est regrettable sans doute, au point de vue de la science juridique, que cette question curieuse ne puisse être examinée dans l'espèce; mais elle ne peut manquer de surgir un jour ou l'autre, et sous ce rapport, j'espère que ma discussion sur l'ordonnance de 1762 et sur le décret de 1810 ne restera pas complétement stérile.

Ce décret fut une œuvre éminemment bienfaisante dans l'intérêt de la santé publique, comme s'accordent à le reconnaître, M. Soubeiran dans son discours, et M. Barthélemy dans son rapport à la Chambre des pairs sur l'article 3 de la loi de 1844 ; il n'est donc pas probable, surtout quand ce décret s'est transformé en loi, que le Gouvernement actuel hésite à accepter franchement cette honorable succession que lui a transmise le premier Empire ; et puisqu'il y a aujourd'hui une haute volonté qui Règne et Gouverne tout à la fois, il est à espérer qu'elle aura la puissance de mettre fin à ces influences subalternes que M. Soubeiran signale avec l'accent de l'honnête homme indigné.

CONCLUSION

Le discours de M. Soubeiran que j'ai fréquemment cité et que je viens de rappeler encore en terminant, fut imprimé en 1852, après avoir été sans doute prononcé à la rentrée des Ecoles en 1851. Alors un grand changement était accompli ou sur le point de s'accomplir dans notre organisation politique et administrative. M. Soubeiran crut le moment opportun de s'élever contre les abus des administrations précédentes et de les signaler à l'attention de l'administration nouvelle ; mais cette publication eut peut-être le tort, par excès de modestie de son auteur, de ne pas franchir assez librement le seuil de l'Ecole ; elle resta momentanément inaperçue.

Aujourd'hui la question de monopole dont les tribunaux sont saisis réveille nécessairement la question de police qui s'y rattache, et d'exécution ferme et décidée du décret du 18 août 1810. La brochure de M. Soubeiran recouvre donc un intérêt d'actualité qui ne peut manquer d'être sérieusement apprécié.

La tendance marquée de l'administration est en effet de secouer, de plus en plus vivement, l'étreinte des influences privées pour faire prévaloir les intérêts généraux dont elle est l'organe ; or, il s'agit d'un de ces intérêts généraux les plus importants. Il ne s'agit pas seulement de la fortune, il s'agit de la vie et de la santé du public confiées à sa garde et à sa vigilance; pour pourvoir à l'accomplissement de cette tâche, elle est investie d'attributions parfaitement réglées, armée de pouvoirs parfaitement définis. Il est possible et facile de faire sortir ces armes de leur fourreau pour en frapper avec éclat ces opulences *véreuses* flétries par M. Soubeiran, si elles voulaient plus longtemps persister dans leur lutte ouverte contre la loi.

J'ai eu l'occasion d'exposer plus haut ces principes relatifs à la police de la pharmacie dispersés dans ma discussion sur la libre concurrence; ils sont aussi clairs que la question de monopole, et je me borne à les résumer en reprenant seulement une concession que j'ai faite temporairement, et en insistant pour faire remarquer que, loin d'offrir des obstacles insurmontables, le décret de 1810 est susceptible d'une exécution simple et facile. Voici ces principes:

Dans l'intérêt général du public qui consomme, et surtout pour l'entière édification du médecin qui ordonne, il ne doit circuler aucun médicament officinal dont la recette ou formule ne soit *non seulement communiquée, mais encore divulguée et publiée.*

Le même intérêt général veut encore que, par mesure de police, l'autorité administrative intervienne pour délivrer au médicament son permis de circulation, en s'assurant au préalable de sa composition; c'est là un devoir comme un droit de surveillance inaliénable et imprescriptible, supérieur à tout monopole, si par hasard il pouvait en exister encore aujourd'hui; c'est un droit que l'administration pourrait toujours ressaisir entier lors même qu'elle en aurait abdiqué temporairement l'exercice: il ne peut pas y avoir *de droit acquis, d'attente assez fortement* conçue à l'effet de commencer ou continuer, *avec une drogue inconnue,* l'empoisonnement général.

L'autorité compétente pour déterminer ainsi quels remèdes peuvent être vendus, est l'autorité placée le plus haut au sommet de la hiérarchie. C'est *au chef de l'Etat seul* qu'il appartient de prononcer; émanée de tout autre, d'un préfet, même d'un ministre, l'autorisation serait radicalement nulle. Le législateur de 1844 a suffisamment exprimé sa volonté bien arrêtée à cet égard.

On sait d'ailleurs comment se manifestent ces actes de la puissance exécutive : ils se produisent, ou quand le chef de l'Etat ordonne, de temps à autre, la publication d'une édition nouvelle du Codex, ou quand il fait publier spécialement la recette ou formule d'un médicament dont le *secret* aurait été acheté de l'inventeur par traité soumis à l'homologation du conseil d'Etat. Il n'y a d'exception (décret, 3 mai 1850) que pour les médicaments approuvés par l'Académie de médecine et dont la recette ou formule est publiée dans les Bulletins de cette docte assemblée; c'est une exception assez raisonnable, puisque le Codex ne peut se refaire tous les jours. On pourrait peut-être ajouter les modifications apportées aux formules du Codex, mais à la condition que ces modifications soient *notoires*, et qu'elles renoncent à s'envelopper *des voiles du mystère*.

Les remèdes autorisés avant le décret du 18 août 1810 n'échappent pas à l'exercice de ce droit de surveillance, permanente sauvegarde de la vie et de la santé des citoyens. Le décret de 1810, aujourd'hui ravivé dans son principe tutélaire par la loi de 1844, proclame lui-même ce droit de police inaliénable; promulgué en effet, pour mettre un terme à l'abus des autorisations accordées *sans communication de la formule*, il dispose que *cette communication devra être faite* et que, pour prix de cette révélation, une indemnité sera payée si, après examen, le remède *est reconnu utile* pour le bien de l'humanité, et que, s'il n'est pas reconnu utile, la vente en sera défendue, sans indemnité bien entendu.

La règle était simple, et quels obstacles pouvait-elle et peut-elle aujourd'hui encore rencontrer dans son application ? Les lettres circulaires et instructions ministérielles (dont la plus ancienne parait être du 16 avril 1828), se bornent à proclamer impossible l'exécution du décret de 1810, et à prendre l'expédient de la tolérance provisoire pour les sept médicaments que j'ai précédemment énumérés. Mais ces difficultés insurmontables où étaient-elles ? L'arrêt déjà cité de la Cour de Metz, du 5 mars 1856, nous les fait connaitre; c'est que, d'une part, les inventeurs ou leurs ayant-cause se refusant à la communication préalable de la recette ou formule, les commissions d'examen refusèrent, de leur côté, de se prononcer sur un médicament dont on ne leur faisait pas connaître la composition. Mais que l'administration y réfléchisse enfin! y avait-il, et peut-il encore y avoir là, *un obstacle insurmontable* à l'exécution du décret de 1810? Je ne parle pas de la résistance des commissions d'examen : c'est une résistance qui les *honore*, car la communication était la condition préalable d'un examen éclairé et consciencieux; mais la résistance des intéressés peut-elle assez sévèrement se qualifier, et méritait-elle surtout *la tolérance* qui l'a suivie? Comment! il s'agit d'un inventeur qui a surpris à l'arbitraire de l'ancien régime une autorisation donnée au mépris des règles de la prudence la plus vulgaire; grâce à son intrigante habileté, il a pu, depuis longues années, spéculer sur la crédulité publique et l'attrait d'une drogue mystérieuse présentée comme une panacée universelle; mais un beau jour l'administration se lasse, elle veut en finir, et, ressaisissant enfin son droit de surveillance imprescriptible, elle vient dire à ce spéculateur par l'organe du chef de l'Etat, le 18 août 1810 : « Finissez enfin par où vous auriez dû commencer; faites-vous connaître, et, quand on vous connaîtra, on » vous paiera la révélation de votre secret *s'il en vaut la peine.* » A cet ordre, émané du chef de l'Etat, agissant dans la sphère rigoureuse de son devoir et de son droit de police administrative, notre spéculateur répond qu'il refuse toute communication, qu'il se renferme dans *son droit acquis;* et c'est alors que les circulaires ministérielles, se faisant illusion sur la théorie de l'effet non rétroactif intempestivement transportée en cette matière, récompenseraient ce nouveau scandale d'une lutte ouverte contre lui, par une tolérance qui lui permettrait de continuer!!!

Je ne puis admettre une telle solution : déjà, sur la question de propriété ou de monopole, j'ai écarté ces lettres ou circulaires ministérielles; je ne puis leur reconnaître plus de portée sur le terrain de la police administrative, dont elles n'auraient pas dû sortir : elles pèchent par un véritable cercle vicieux : l'impossibilité d'exécuter le décret de 1810 n'existait et n'existe pas encore; il suffisait de vouloir pour pouvoir, et c'était facile; au refus de communication il suffisait de répondre par *le retrait immédiat de l'autorisation,* et, le lendemain, du département de la Justice, une circulaire adressée à tous les organes du ministère public, provoquait une croisade générale qui triomphait sans peine d'une aussi incroyable résistance. Le moyen n'est certes pas difficile, et ce n'est pas le cas de dire, avec ces lettres ou circulaires ministérielles, que le décret de 1810 offrait, ou offre encore dans son exécution, des difficultés insurmontables.

Je repousse donc, comme étant sans portée aucune, dans les principes mêmes de la police administrative, ces lettres ou circulaires ministérielles ; je leur dénie toute autorité ou vertu, et cela, parce que de deux choses l'une :

Ou on les invoque *comme contenant une autorisation ;* mais elles seraient nulles comme incompétemment fournies par tout autre que par le chef de l'Etat ;

Ou on les invoque comme simples lettres, circulaires ou décisions ministérielles conservant leur caractère habituel ; mais il est de principe dans la science administrative que les actes de cette nature ne sont que des *avis* non obligatoires, exprimant l'opinion individuelle d'un ministre, et qu'elles ne sont, pas *plus que les arrêts*, des raisons décisives quand on peut les combattre par une argumentation solide ; or, j'en ai renversé le système en démontrant qu'il péchait par sa base : l'impossibilité prétendue d'exécuter le décret de 1810.

J'ai à peine besoin d'insister sur ce qu'il y avait à faire en ce qui concerne les remèdes autorisés *avec communication de la formule.* Si l'administration estimait que, le remède étant utile, la vente continuerait d'en être autorisée, elle devait, et elle doit encore, communication de cette recette ou formule :

Sans indemnité pour ceux dont le monopole était expiré; *avec indemnité* pour ceux dont le monopole subsisterait encore, s'il était d'ailleurs possible d'en citer un seul qui soit dans ce cas.

Ce que je viens de dire de l'exécution, dans le passé, du décret de 1810, est également vrai de l'exécution actuelle qu'il convient de lui donner ; car, je le répète encore, l'article 3 de la loi du 5 juillet 1844, trop oublié en cette matière, nous ramène à l'exécution pure et simple de ce décret.

Il suit de là que l'application faite, à titre d'expédient, du décret du 25 prairial an XIII, se trouve également condamnée, et que les tribunaux saisis civilement ou correctionnellement peuvent, sans s'arrêter ni avoir égard à ces permissions individuelles irrégulièrement délivrées, faire prévaloir le principe de la libre concurrence, ou ne voir, dans le remède ainsi toléré, qu'une marchandise de contrebande dont la vente ne peut échapper aux peines édictées par la loi. C'est là une situation fâcheuse, source imminente peut-être d'un antagonisme regrettable ; mais espérons que l'administration, aujourd'hui mieux éclairée, se rendra spontanément à l'évidence, et qu'enfin le décret de 1810 recevra son exécution.

Il faut être juste d'ailleurs, et reconnaître que, si l'administration a fait momentanément fausse route, elle a eu cependant, à un moment donné, l'aperception vague de la distinction des questions de monopole et de police qui, suivant moi, jette une lumière complète sur cette matière réputée si obscure. Il s'agissait du premier des sept médicaments tolérés depuis 1810 : il s'agissait des *Pilules de Belloste.* Et voici ce qu'écrivait au secrétaire de l'Ecole de pharmacie, à la date du 5 octobre 1819, le ministre d'Etat, préfet de police, reconnaissant que le décret de 1810 avait bien pu, rétablissant un droit de surveillance imprescriptible, plier à sa règle le monopole *subsistant encore :*

« Le sieur Belloste a obtenu, en 1781, un privilége pour la con-
» fection et le débit, *pendant trente ans,* des pilules dites de
» Belloste. Non seulement les trente années sont écoulées, *mais*
» *encore ce privilége se trouve avoir été annulé, ainsi que*
» *tous ceux de même nature, par l'article 1er du décret du*
» *18 août 1810.* En conséquence, défenses viennent d'être
» faites *à ce particulier* de se mêler en rien de la préparation
» des pilules dont s'agit, d'en annoncer la vente ou *d'en former*
» *aucun dépôt.* »

Je suis parfaitement de l'avis du ministre d'Etat et de police de 1819 : il faut que ce particulier-là et autres assez rares qui peuvent lui faire cortége, s'inclinent enfin devant la loi, et se soumettent à la vérification et l'examen préalables ordonnés par le décret de 1810.

Un dernier mot pour terminer : le lecteur sait assez maintenant ce qu'on entend par spécialités pharmaceutiques. On leur reproche d'être une ruine pour la pharmacie ordinaire qu'elle rend tributaire du monopole de fait si longtemps accaparé par les pharmaciens spécialistes ; on leur reproche, en second lieu, à raison de l'annonce des propriétés du remède, d'être un danger pour le malade qui se l'administre, à tort et à travers, au risque souvent de perdre la vie.

Le premier de ces inconvénients disparaît si les principes que j'ai discutés plus haut reçoivent leur application. En effet, que l'administration divulgue les formules sur lesquelles le moindre doute ne pourra plus désormais planer ; que, de leur côté, les tribunaux, suivant l'impulsion donnée par la Cour de Cassation, se décident à accepter franchement toutes les conséquences qui découlent du droit de libre concurrence ; alors, dans un temps donné et assez court, par le seul effort de cette libre concurrence, le monopole de fait ira s'atténuant, disparaissant enfin, et la pharmacie ordinaire rentrera dans le plein exercice de ses prérogatives. Il lui faudra, sans doute, toujours s'approvisionner au dehors des médicaments (tels que dragées, granules, capsules, etc.) pour la fabrication desquels une officine ordinaire ne peut être convenablement outillée ; mais la concurrence, librement pratiquée entre fabricants en gros, les affranchira encore, sous ce rapport, des exigences du monopole.

Le deuxième inconvénient signalé consiste dans l'usage d'annoncer les propriétés thérapeutiques du remède, soit par la voie des journaux, soit par le moyen d'*instructions* délivrées avec le médicament : c'est là, je le reconnais avec M. Soubeiran, un mal, et c'est peut-être même un danger. Mais il est facile de parer à cet inconvénient : si les règles ordinaires sur l'exercice de la médecine ne suffisent pas, qu'on érige en délit punissable le fait d'annoncer les propriétés du remède ; les concurrents des inventeurs ne s'en plaindront pas, car ils n'auront plus à se mettre en frais d'imagination pour exprimer la même chose en termes différents.

J'aurais bien voulu dire quelques mots des deux jugements relatifs aux *Perles d'éther* rapportés par les *Annales* (pages 91 et 116), et de deux arrêts de la Cour de Paris, rapportés (pages 88-90), et au moyen desquels M. Pataille cherche à affaiblir la portée du principe que la Cour de Paris elle-même avait posé quant à l'usage de la dénomination et du nom, le 12 janvier 1857. Mais, pour apprécier les deux premières décisions, il faudrait faire une excursion préalable dans la matière des brevets d'invention.

Quant aux deux arrêts, il faudrait me livrer *à une discussion* de procédure en règle, pour démontrer que, par suite d'un accident de rédaction de l'arrêt du 12 janvier 1857, il s'est élevé une question de chose jugée *inter partes* qui ne peut évidemment infirmer la portée doctrinale de cet arrêt, la seule dont il est utile de se préoccuper ici. Ce n'est pas cependant que je sois homme à reculer devant le développement de ma pensée; mais il ne faut pas tout mêler et confondre, et je préfère m'arrêter un instant. D'ailleurs, j'ai consciencieusement, trop consciencieusement peut-être, donné mon coup de pioche pour renverser de son piédestal presque séculaire une idole trop habilement encensée; la fatigue me gagne, et il pourrait bien en être autant du lecteur qui me suit sur ce terrain aride. Nous retrouverons l'occasion prochaine de parler des *Perles d'éther* et surtout de l'*Elixir du docteur Guillié*, qui mérite d'être particulièrement noté.

FIN.

DOCUMENTS DIVERS

DOCUMENTS DIVERS

I

EXTRAITS

DE LA

NOTICE DU DOCTEUR GIRAUDEAU

PREMIER EXTRAIT (PAGE 6)

Vu la requête signée Auda, avocat du suppliant, ensemble les procès-verbaux qui y sont énoncés et la délibération de la Société royale de médecine; ouï le rapport, *le roi étant en son conseil*, ayant aucunement égard à ladite requête, a permis et permet audit *Denis Laffecteur*, de vendre et débiter dans tout le royaume ledit *Rob*. En conséquence, Sa Majesté a autorisé et autorise ledit Laffecteur, à marquer les bouteilles qui contiendront ledit *Rob* de son nom, de son cachet, ou de telle autre marque qu'il avisera, fait *Sa Majesté* très-expresses inhibitions et défenses à toutes personnes de contrefaire ladite marque, à peine de faux, et de 1,000 livres d'amende applicables moitié *au profit de Sa Majesté*, et moitié *au profit dudit Denis Laffecteur;* enjoint Sa Majesté au sieur lieutenant général de police de Paris, et aux sieurs intendants et commissaires départis dans les provinces, de tenir la main, chacun en droit soi, à l'exécution du présent *arrêt*, sur lequel toutes lettres nécessaires seront expédiées.

Fait au conseil du *Roi*, Sa Majesté y étant, tenu à Versailles le 12 septembre 1778.

Signé : AMELOT.

DEUXIÈME EXTRAIT (PAGE 25)

Extrait des registres de la Société royale de médecine de Paris.

La Société royale de médecine ayant entendu dans séance tenue le 10 septembre (1779), le rapport des commissaires (ils étaient au nombre de huit : MM. de Lassone, Geoffroi, Lorry, Bucquet, Macquer, Poullier de la Salle, Montigny et le duc de Larochefoucauld), tous chimistes célèbres et membres de la ci-devant Académie des sciences, qu'elle avait nommés, *pour préparer le Rob de Laffecteur, suivant la recette qu'il avait communiquée, avec les drogues qu'ils se sont eux-mêmes procurées ;*

Duquel rapport il résulte que ce remède ne contient pas de mercure, etc., etc.

Ayant entendu depuis, dans sa séance du 7 avril (1780), le rapport des commissaires qu'elle avait nommés, etc., etc.

Signé : VICQ D'AZIR, secrétaire perpétuel.

II

DISCOURS

DE

M. SOUBEIRAN SUR LES REMÈDES SECRETS

(EXTRAITS)

PAGE 1re. — « Messieurs, je me propose de vous tracer l'histoire des remèdes secrets qui ont reçu l'autorisation du gouvernement. Ce sera faire passer sous vos yeux des faits qui vous sont familiers, signaler des abus que vous connaissez ; mais j'ai l'espoir que ma parole portera plus loin. Ce que chacun sait et dit dans le cercle du monde médical, il est bon de le *crier* haut au dehors pour qu'enfin la vérité arrive *à l'oreille du pouvoir*, et qu'il sache *quelles inutilités, quelles œuvres de charlatanisme, et quel dévergondage sont couverts par sa protection, et comment, sous son égide, des hommes ignorants ou cupides exploitent à leur profit la bourse et la santé du public.* »

Suit l'examen du décret du 18 août 1810, dont M. Soubeiran termine l'analyse en ces termes :

« On ne pouvait mieux dire, mais l'exécution a été pitoyable. Le gouvernement n'acheta pas les remèdes anciennement autorisés. En cela il fit bien, car ils ne valaient pas la peine qu'on y mît un prix. Mais ce qui ne valait pas la peine d'être acheté, ne valait pas la peine davantage pour qu'on le vendît; il fallait donc tout rejeter, et se réserver pour ce qui aurait pu être neuf et utile. Cela ne faisait pas l'*affaire des vendeurs. La rumeur publique de ce temps dit quels mobiles furent mis en jeu, et comment on en arriva finalement à rendre nul le bienfaisant décret.* »

Vient ensuite l'exposé des divers obstacles que le décret de 1810 rencontra dans son application, et les abus qui s'en suivirent; contre ces abus M. Soubeiran propose (conclusions de son discours, page 23), *ou le retour au décret de 1810 appliqué dans toute sa rigueur*, ou l'adoption d'un plan de réformes qu'il décrit.

Sur ce point, qu'il me soit permis de placer une observation; tout le monde excusera M. Soubeiran, médecin et professeur distingué, mais non jurisconsulte, de n'être pas initié à toutes les dispositions de la loi éparses dans nos volumineux recueils; mais ce qu'il exprimait sous forme de vœu était déjà transformé *en disposition législative* au moment où il livrait, en 1852, son discours à l'impression; déjà l'article 3 de la loi du 5 juillet 1844 avait rappelé l'administration à l'exécution du décret de 1810, et dès lors les scandales qu'il déplore sont autant d'illégalités patentes violant tout à la fois, et le décret de 1810, et la loi du 5 juillet 1844, et contre lesquelles il est possible de s'élever devant l'autorité judiciaire saisie de la question sous une forme ou sous une autre.

A. P.

Après avoir ainsi rappelé la législation de 1810, M. Soubeiran insiste sur la nécessité de rendre entièrement publiques les formules de médicaments spécialement autorisés, et il s'exprime en ces termes :

« On aurait peine à comprendre qu'une pareille précaution ait été négligée, si l'on ne savait le peu de soin qu'on a mis à consulter les autorités médicales, *et la large part que les recommandations et les protections de toutes espèces* ont eue dans la délivrance de la plupart des *autorisations actuelles*. Que la recette soit rendue publique, c'est le moyen de savoir si elle est sincère;

» Sincère, pour qu'on ne vende pas *un médicament pour un autre, qu'on ne pare pas une substance connue d'un nom d'emprunt;*

» Sincère, pour que l'inventeur ne lui fasse pas subir de *changements à son gré,* ainsi qu'il est arrivé maintes fois, *et en particulier pour le trop fameux Rob de Laffecteur.* »

Et encore à propos de l'abus des annonces :

Page 13. — « Il y a véritable culpabilité du faiseur d'annonces par les dangers qu'il fait courir à la santé publique..... Le malade trouvant chaque matin une consultation toute faite, se persuade qu'à chaque maladie répond son remède, sans se douter que la détermination de la maladie est un premier fait qui lui échappe, et ensuite que le remède, pour être efficace, ne doit pas être appliqué indifféremment à toutes les doses, à toutes les périodes et à toutes les variations d'une maladie..... Le mal est bien senti, et vous ne trouverez aucun médecin qui ne demande la prohibition des annonces, *à l'exception, toutefois, de ces quelques hommes qui les exploitent honteusement pour arriver à la fortune,* ou de ceux-là qui, journalistes par métier, sacrifient les intérêts de l'art de guérir et ceux de la santé publique aux nécessités de leur position, et qui, suivant l'expression énergique de M. Amédée Latour, *vont puiser, dans la fange des annonces,* les moyens de soutenir une entreprise chancelante. »

M. Soubeiran passe ensuite à l'examen en particulier de chacun de ces remèdes autorisés qui tous, et sauf un seul (les biscuits du docteur Ollivier), sont antérieurs à 1810, et la plupart antérieurs même à la révolution de 1789. Ces remèdes sont : *Les pilules de Belloste, les grains de santé du docteur Frank, la poudre dite d'Irroë, le Rob antisyphilitique de Laffecteur, la pommade ophthalmique de la veuve Farnier, la poudre de Sancy, les biscuits d'Ollivier, la pommade anti-dartreuse de Kunkel.*

Il termine en ces termes par le Rob de Boyveau-Laffecteur :

« Me voici enfin arrivé à celui des remèdes réputés autorisés contre lequel semblent s'accumuler tous les griefs, celui dont l'autorisation paraît la plus problématique, celui qui, *eût-il été jadis autorisé, se serait le plus écarté des bornes mises à tout privilége.* Tout porte à croire qu'il n'a reçu qu'une permission temporaire et à titre d'essai, et cependant cette autorisation s'est perpétuée; *elle a été vendue publiquement* et s'est divisée entre plusieurs exploitants *qui ont débité chacun un remède différent.* La composition de ce remède a varié sans cesse; il est vanté par des annonces emphatiques comme propre à guérir une foule de maladies, tandis que l'autorisation n'avait été accordée qu'en vue de la seule propriété pour laquelle il devait être expérimenté. Il est livré à tout venant, sans souci de l'opportunité de l'emploi, *et de plus il est vendu à un prix exorbitant.* Vous avez nommé avant moi le rob antisyphilitique de Laffecteur.

» L'histoire de ce remède sera facile à tracer ; j'en trouve les éléments dans une brochure de l'un des propriétaires actuels, dans les écrits de quelques médecins et surtout dans l'excellent rapport fait à l'Académie de médecine de Bruxelles par M. Pasquier.

» Boyveau, médecin, entendit parler des cures faites par un remède purement végétal. M. de Marcilly, son beau-père, l'acheta pour l'exploiter avec lui. On voulait bien avoir le profit de l'entreprise, mais, en même temps, préserver son nom de la honte qui s'y attachait (1): le remède fut vendu sous la dénomination de *Rob antisyphilitique*, sous le nom social de Laffecteur, lequel nom

(1) En 1778, l'opinion publique n'eût pas permis d'attacher son nom de famille à un remède ayant une telle spécialité.

(HOFMANN, Brochure, p. 5, 1850.)

fut acheté à celui qui le portait, employé au ministère de la guerre, et dont la position pouvait aider, sans doute, à la délivrance de l'autorisation. Plus tard, la société fut partagée en maison Laffecteur et maison Boyveau-Laffecteur. Aujourd'hui, le rob est exploité en commun par les deux maisons réunies.

» La recette du rob fut communiquée à M. de Lassone, premier médecin du roi, puis à la Société de médecine, qui nomma successivement deux commissions; une première, composée de de Lassone, Macquer, Lorry, Geoffroy et Bucquet, fit l'examen du remède; une seconde, composée de Genseru, Colombier, Dubourg et Carrère, fut chargée d'en suivre l'application. Dans la séance du 7 avril 1780, cette commission estima que le rob de Laffecteur était assez propre à guérir la vérole, en y joignant les traitements accessoires dont le médecin apprécierait l'opportunité; que ne contenant pas de mercure, il pouvait devenir surtout utile dans les cas où l'on aurait à craindre l'usage des préparations mercurielles *(Archives de la Soc. de Médecine)*.

» La Société admit les conclusions de ce rapport dans la séance du 20 avril 1780. Il est à remarquer qu'il ne donne aucun avantage au rob Laffecteur sur les remèdes connus; il renferme d'ailleurs une assertion un peu aventurée sur l'absence du mercure dans cette composition, car Bucquet avait dit à la Société :

« Je n'ai pas retiré de mercure du rob antisyphilitique de Laffecteur; mais je ne dis pas pour cela qu'il n'en contienne pas, » puisque je n'ai pu en découvrir dans ce même rob où j'avais » ajouté 2 grains de sublimé corrosif. Quoique je ne puisse assurer » que le rob antisyphilitique doive ses propriétés au mercure qu'il » peut contenir, je crois néanmoins devoir faire observer que cela » est possible. La lessive de sel fixe de tartre est un intermède très » propre à dégager le mercure masqué par une liqueur sirupeuse, » mais cet intermède n'a d'action que quand le sel mercuriel se » trouve dans la liqueur en quantité considérable. »

» Il ne paraît pas qu'à la suite de ce rapport le rob ait été autorisé. Il y a bien un arrêté du conseil d'Etat, du 12 septembre 1778; mais, comme il est antérieur au rapport de la Société de médecine (10 septembre 1779 et 7 avril 1780), il est hors de doute qu'il n'a été qu'une tolérance provisoire. *La Gazette de santé* du 15 octobre 1778 dit formellement que cet arrêté avait pour but, en permettant la vente, de faire constater journellement les effets sous les yeux de deux médecins de la Faculté de Paris et de la Société de médecine, chargés d'en diriger l'administration dans une maison particulière établie à cet effet, et d'en rendre compte à la Société. Pour se procurer ce remède il fallait se présenter *avec un billet signé d'un médecin* chez le sieur Laffecteur (*Gazette de santé*, 1778, nº 42). L'autorisation définitive n'a pas été donnée, car, le 12 janvier 1850, le procureur de la République déclarait en pleine audience qu'il n'y a pas d'autorisation expresse du gouvernement, qu'il y a seulement tolérance et abstention de poursuites.

» Je vous ai dit le cas que la Société royale de médecine faisait du rob de Laffecteur; écoutez maintenant l'opinion de deux hommes qui en ont suivi l'application : d'abord la voix de Swediaur au beau temps de la vogue du remède; puis, de nos jours, celle de M. Thiry, professeur de clinique des maladies vénériennes, à Bruxelles.

« Depuis plusieurs années, dit Swediaur, j'ai vu un grand nom-
» bre de malades qui sont venus me consulter après avoir pris le
» rob pendant longtemps et à plusieurs reprises sans succès. » Et plus loin : « Il n'y a que l'ignorance et le charlatanisme qui puis-
» sent le regarder et le préconiser comme l'unique remède de ces
» maladies; du moins je n'ai pas vu que, faute de ce rob, il
» mourût plus de soldats et de marins dans les hôpitaux d'Angle-
» gleterre et ailleurs qu'en France, où tant de gens sans instruc-
» tion le croient un moyen infaillible et la dernière ressource de
» l'art; mais, dans ces pays, les gouvernements, méprisant les
» remèdes des charlatans, confient les malades aux soins des mé-
» decins et des chirurgiens les plus éclairés. »

» En 1850, M. Thiry s'exprimait ainsi devant l'Académie de médecine, à Bruxelles : « On a singulièrement exagéré les vertus
» médicamenteuses du rob de Laffecteur. Son action est nulle
» comme agent antisyphilitique; il ne renferme aucune puissance
» spécifique. Il est inutile dans le traitement des affections véné-

» riennes bénignes, dangereux contre le chancre induré; il laisse » croître et augmenter les accidents. Il en est de même quand on » l'applique aux maladies graves de la peau. On peut l'employer » comme adjuvant dans les maladies de la peau et syphilitiques. » Le régime sévère imposé aux malades a plus de part que le rob « lui-même dans le succès. »

» Qu'est-ce donc, en effet, que ce rob antisyphilitique? Un sirop de salsepareille composé tout à fait analogue à celui du Codex. Sa composition ne pouvait rester un mystère : neuf personnes avaient été mises dans la confidence. On va voir que c'est par elles que la recette du rob a été divulguée.

» Pelletan, dans sa clinique chirurgicale, rapporte la formule de ce rob qu'il tenait, dit-il, de l'homme le plus véridique et le plus instruit qu'il connût. Elle n'est autre que celle du sirop de Cuisinier avec substitution de la coriandre à l'anis.

» Van Mons, de son côté, a eu communication de la recette de ce rob, et voici comment il nous apprend qu'elle lui est arrivée. Laffecteur fut chargé de fournir son rob pour le service de la marine. Van Mons en eut la recette et la publia dans sa *Pharmacopée usuelle* en 1822. Cette formule est telle, dit-il, que nous l'avons exécutée pour l'un des commissaires de la marine française qui avait assisté à cette communication. Cette recette diffère à peine de celle du sirop de salsepareille composé (salsepareille, sucre, miel, de chaque 15 parties; sené, fleurs de bourrache, roses muscates, semences du cumin, de chaque 1 partie).

» Et moi aussi, je possède la recette qui a été remise à la commission d'examen nommée par le gouvernement, et cela, par hasard, par succession de l'un des commissaires. Je pourrais la publier, car je ne suis pas obligé au secret. Je me contenterai de dire à ceux qui voudraient se soustraire à la rapine du monopole actuel qu'ils peuvent en toute sûreté se servir de l'une ou de l'autre recette que j'ai rapportée tout à l'heure; les différences sont très-légères et peuvent être négligées.

» Voulez-vous une preuve encore? Je vais la puiser dans le Codex de 1818, qui comptait au nombre de ses rédacteurs des membres de la commission d'examen. Après avoir donné la préparation du sirop de salsepareille composé, le Codex ajoute :

« Parùm admodùm initio, aut nihil prorsùs, sive medicamen » torum naturâ et mutuâ ratione, sive methodo parandi ab hoc » discrepabat adeò decantatum *Rob* dictum antisyphiliticum. »

» Ainsi le rob antisyphilitique est le sirop de salsepareille composé du Codex, avec un désavantage qui lui est propre; c'est qu'il a varié à diverses époques et qu'il peut varier encore au gré des vendeurs. Ceci ressort déjà des légères variations que présentent entre elles les recettes de sources officielles venues en des temps différents, et bien plus encore des faits graves que je vais rapporter. Le rob primitif était une bouillie claire, d'une couleur brune, d'une odeur de sirop de longue vie, qui laissait déposer au fond des bouteilles une fécule grise et qui donnait, lorsqu'on l'avait coupé avec de l'eau, un dépôt visqueux et collant. Sa densité était de 1,117. Aujourd'hui le rob est un sirop brun, d'une densité de 1,21, qui donne avec l'eau une liqueur presque transparente. Le rapport remarquable fait par M. Pasquier, à l'Académie de médecine de Bruxelles, constate qu'en 1850 on vendait, en Belgique, plusieurs espèces de robs. Ils étaient fort différents les uns des autres. Leur densité variait entre 33 et 36; les uns avaient déposé dans les bouteilles, les autres non; ceux-ci restaient transparents quand on les étendait avec de l'eau; ceux-là se troublaient; d'autres formaient un dépôt épais. Leurs couleurs étaient très-diverses; les quantités de chlore nécessaires pour les décolorer variaient de 4 à 10. L'eau de chaux développait une odeur de salsepareille chez les uns; chez les autres, elle ne produisait qu'une odeur de réglisse. L'alcool précipitait de la matière extractive avec cette extrême différence de proportion de 11 à 29. Les robs d'un des fabricants différaient entre eux; les robs de l'autre ne se ressemblaient pas davantage. Il n'y avait pas plus d'identé dans les robs provenant de la nouvelle fabrication, qui, à leur tour, différaient des robs provenant de la fabrication d'une autre époque. Après cela, que deviennent les prétentions des fabricateurs du rob qui, en désespoir de cause, cherchent à se retrancher derrière une prétendue constance absolue de composition de tout rob sorti de leur laboratoire?

» Pour compléter le tableau de toutes ces misères, voici qu'un jour un procès s'élève entre les deux propriétaires devenus antagonistes. L'un introduit dans la cause contre l'autre une action en tromperie sur la nature de la marchandise. Du rob avait été saisi, et les experts, MM. Tardieu, Lesueur et Lassaigne, déclarent qu'il est tout différent du rob Boyveau-Laffecteur.

» Enfin, ce qui est plus grave encore, ce rob prétendu végétal a contenu du mercure à une certaine époque. Dès 1779, Bucquet appelait sur ce point les défiances de la Société royale de médecine. Son opinion s'est trouvée confirmée par cette déclaration de Swediaur : « J'ai vu des malades qui, sous l'usage de ce remède, » furent affectés d'une salivation forte et caractéristique ; d'autres » se trouvaient plus mal qu'avant. »

» Et maintenant, je demanderai aux rares médecins, enthousiastes de ce rob, à laquelle de toutes ces préparations si variées ils ont recours, et quelle est celle qu'ils préfèrent pour le salut de leurs malades ; mais, avant de répondre, ils feront bien de se remettre en mémoire les sévères qualifications que Pelletan et Swediaur ont appliquées aux médecins qui se font les prôneurs des remèdes secrets.

» Tel est le rob antisyphilitique de Laffecteur que la Société de médecine indiquait comme pouvant faire disparaître les symptômes de la maladie vénérienne, sans aucune préférence sur les autres remèdes connus, et qui est vendu aujourd'hui, à grand renfort d'annonces et de prospectus, comme propre à guérir une foule de maux. Et, chaque jour, de pauvres malheureux atteints de maladies graves se fient à ces promesses trompeuses, laissent le mal gagner du terrain, et arrivent trop tard aux mains du médecin dans un état incurable.

» Un dernier mot sur le tort pécuniaire que le public subit par l'effet de la tolérance du gouvernement. Le même remède qui, préparé dans une bonne pharmacie et vendu sous son nom véritable, coûterait 6 francs au malade, il le paie 15 francs aux exploitants, parce que le gouvernement s'est avisé de laisser en leur main le privilége de vendre une chose connue sous un nom qui jette le mystère sur sa composition. Ce n'est pas que le bénéfice des vendeurs sur chaque bouteille soit aussi considérable : ils se sauvent, comme on dit, sur la quantité. Le rob leur revient à 3 ou 4 francs ; mais il leur faut faire au débitant une large remise qui peut s'élever à 7 francs 50 centimes. Il en résulte que le vendeur de seconde main est suffisamment intéressé au succès du rob, et que fabricants et revendeurs se tirent assez bien d'affaire. Le patient, c'est, d'une part, le médecin qu'on ne consulte plus; c'est surtout le pauvre public qui, grâce au privilége, paie le remède trois fois plus cher, et qui guérit ensuite s'il le peut. C'est là l'histoire du rob de Laffecteur, comme c'est celle de toutes les spécialités tant en vogue de nos jours.

» Les faits sont établis; maintenant je puis conclure.

» La législation des remèdes secrets doit retourner en arrière et revenir au décret du **18** août **1810**, appliqué dans toute sa rigueur.

» Il faut :

» Obliger ceux qui ont des autorisations à les soumettre à un nouvel examen et confier cet examen à des hommes qui, *par leurs fonctions,* offrent toute garantie de savoir, de maturité, d'indépendance et de désintéressement (voyez la composition de la commission, page 7);

» Laisser à cette commission le soin de décider s'il y a réellement découverte utile, d'en fixer le prix et de déclarer si elle doit être publiée pour cause d'utilité publique;

» Ne pas accorder d'autorisations de vendre.

» Et, si cependant le gouvernement maintenait le système de remèdes autorisés, mettre à l'autorisation les conditions suivantes :

» La recette sera rendue publique ;

» L'autorisation sera personnelle et limitée à un certain nombre d'années ;

» Le remède ne pourra être vendu que par des pharmaciens et sur ordonnances de médecins;

» Un maximum de prix sera fixé pour la vente du médicament;

» L'annonce avec indication des propriétés médicinales sera absolument interdite.

» L'infraction à l'une de ces conditions ou un changement dans la composition du remède sera punie par la déchéance et par les peines portées contre les vendeurs de remèdes secrets.

» Je l'ai déjà dit, l'École de pharmacie a adressé une demande dans le même sens au ministre. La commission d'hygiène publique est saisie de la question. Si j'y reviens encore, c'est que le succès de ces demandes est loin d'être assuré. *Les avenues du pouvoir sont occupées par des gens qui ont intérêt à perpétuer les abus. Le charlatanisme a fait leur fortune que le charlatanisme soutient et accroît chaque jour. Dans cette fortune, ils ont trouvé des moyens d'influence qui ont été assez forts pour contrebalancer les intérêts de la moralité et de la santé publiques : ce ne sera pas trop des efforts de tous pour les réduire à l'impuissance. Ils repousseront toute réforme en désespérés, car la réforme dessécherait la source impure où ils vont puiser leurs richesses.*

» En traçant à nouveau l'histoire des remèdes secrets, j'ai voulu une fois de plus mettre en lumière les vices d'une législation qui s'est faite la complice du charlatanisme, montrer au pouvoir sur quelle pente malheureuse il a été entraîné et lui indiquer les moyens de réparer le mal. Pour engager et soutenir cette discussion, je me présentais avec un avantage incontestable. Nul intérêt ne me pousse que celui de la vérité et du bien public. Je n'ai rien à gagner, je n'ai rien à perdre en ces débats, tandis que chacun de mes adversaires est affaibli de l'intérêt personnel qui l'attache à la cause qu'il défend. Mon indépendance donnera à mes paroles un retentissement, une force morale et un crédit qui auraient pu leur manquer.

» Si je réussis, ma récompense est prête : ce sera la satisfaction d'avoir contribué à faire le bien. Si mes efforts sont infructueux, je me dirai qu'un appel à la défense de la moralité et des intérêts de la santé publique ne peut être entièrement perdu ; j'attendrai des temps meilleurs. »

III

ARTICLE 3 (LOI DU 5 JUILLET 1844)

INTERPRÉTÉ ET COMMENTÉ

PAR MM. LES FERMIERS D'ANNONCES

« Paris, 22 mars 1853.

» MONSIEUR ET CHER CORRESPONDANT,

» Un pharmacien de Paris a entrepris de contrefaire et de » vendre au rabais toutes les spécialités pharmaceutiques qui s'ex- » ploitent avec quelque succès.

» Les journaux de Paris ont refusé d'annoncer les produits de » cette contrefaçon ; nous refuserons également de les annoncer » dans les journaux de province, et nous nous empressons de » vous faire connaître nos motifs, comptant sur votre approbation » et persuadés que les journaux auxquels cette annonce par- » viendrait par une autre voie que la nôtre, ne lui feront pas un » accueil plus favorable.

» *Chacune des spécialités pharmaceutiques, dont nous* » *parlons, constitue une très-importante propriété, propriété* » *créée par de longs travaux et de grands sacrifices ; nous* » *ne pensons pas que les journaux doivent favoriser une* » *entreprise ayant pour but avoué une atteinte aussi grave* » *à une propriété si légitime.*

» Les spécialités pharmaceutiques sont, pour les journaux, *le* » *produit le plus net et le plus permanent des annonces* » *que leur fournissent les industries parisiennes.* Favoriser » la contrefaçon, *ce serait tarir cette source de produit,* et » cela, presque sans compensation, car l'entreprise que nous » vous signalons *ne fera jamais qu'une quantité de publicité* » *sans proportion avec ce que font les spécialistes.*

» Enfin, Monsieur, il est évident que les spécialistes ne se laisseront pas dépouiller sans résistance; de graves et nombreux procès vont surgir aussitôt que la contrefaçon se manifestera, soit par la publicité, soit par le débit des articles contrefaits, procès dans lesquels seront pris à partie les journaux qui auront publié les annonces. Les procès, vous le savez, Monsieur, sont rarement sans danger pour la presse. Il est certain, du moins, que les tracas et les frais qu'ils occasionneraient, *ne sauraient être compensés par le produit de quelques annonces*.

» Agréez, Monsieur et cher correspondant, nos salutations
» empressées,

» LAFFITE-BULLIER, A. HAVAS. »

IV

PROSPECTUS
DE
M. GIRAUDEAU SAINT-GERVAIS

Le prospectus s'annonce avec l'épigraphe: *Cave Dolum*, pour défier sans doute, jusque dans sa tombe, l'austère et intègre professeur de l'Ecole de médecine.

L'étiquette du Rob se trouve encadrée dans une vignette que je n'ai pas eu le temps de faire photographier pour la présenter aux lecteurs; cette étiquette est ainsi conçue :

ROB
dépuratif végétal
BOYVEAU-LAFFECTEUR
Seul fourni à la Marine
et autorisé
en France, en Belgique et en Russie

PARIS, rue Richer, n. 12

RECTO.

Le **Rob Boyveau-Laffecteur**, préparé avec le plus grand soin, est bien supérieur à tous les sirops dépuratifs dits de Larrey, de Cuisinier, de salsepareille, de saponaire, etc. Il remplace l'huile de foie de morue, le sirop anti-scorbutique, les essences de salsepareille, ainsi que toutes les préparations à base d'iode, d'or, etc. D'une digestion facile, agréable au goût et à l'odorat, le Rob est recommandé par les médecins de tous les pays pour guérir les

Dartres,	Abcès,
Ulcères,	Gales dégénérées,
Scrofules.	Scorbut.

Toutes ces maladies, provenant d'une cause interne, c'est à tort qu'on croirait les guérir par une médication externe.

On prescrit aussi le Rob pour le traitement des affections des systèmes nerveux et fibreux, telles que :

Goutte,	Pâles couleurs,
Marasme,	Rhumatisme,
Asthme,	Hypocondrie.

En purifiant les humeurs, le Rob régénère le sang et harmonise les fonctions vitales, et, sous ce rapport, on peut le considérer comme un excellent préservatif des affections épidémiques qui frappent surtout les gens atteints de maladies chroniques négligées. Aussi peut-on l'employer souvent avec succès, dans un grand nombre de maladies où il n'est pas spécialement indiqué, telles que :

Catarrhes de vessie,	Gastro-entérite,
Gravelle,	Hydropisie,
Tumeurs blanches,	Coliques.

Le **Rob Boyveau-Laffecteur** est surtout utile pour guérir radicalement et en peu de temps les accidents contagieux nouveaux ou anciens, qui contrarient si violemment les jeunes gens, et pour lesquels ils emploient sans réflexion les astringents et les injections les plus énergiques.

Le **Rob Boyveau-Laffecteur** a été approuvé par l'ancienne Société royale de médecine, par le décret de l'an XIII, et fourni à la marine de France, en 1788 et 1793 ; en 1850, il a été approuvé en Belgique, par le ministre de la guerre, pour le service sanitaire de l'armée belge, et en dernier lieu, il a été officiellement autorisé pour tout l'empire de Russie. Ce Rob guérit surtout les maladies contagieuses que l'on désigne sous les noms de *primitives, secondaires* et *tertiaires*. Cette dernière espèce survient quelquefois vingt ans après les premiers symptômes que l'on croyait guéris.

DÉPOTS DU ROB CHEZ TOUS LES PHARMACIENS

Consultations gratuites par correspondance, rue Richer, n° 12, à Paris.

VERSO.

AVIS AUX PHARMACIENS.

Le prix du Rob Boyveau-Laffecteur est de 15 fr. la bouteille de 1,100 grammes et 7 fr. 50 c. la bouteille de 500 grammes.

Un papier parcheminé portant la signature du docteur Giraudeau Saint-Gervais scelle chaque bouteille de Rob Boyveau-Laffecteur.

Les demi-bouteilles contiennent environ un demi-kilo de Rob. et les bouteilles entières environ un kilo et cent grammes, soit un dixième de plus que 2 demi-bouteilles, ce qui équivaut à une bonification de 1 fr. 50 c. par grande bouteille, soit 15 fr. pour dix bouteilles entières.

Tout pharmacien qui fera au docteur Giraudeau Saint-Gervais une demande directe de dix bouteilles de Rob de Boyveau-Laffecteur, ou leur équivalent en bouteilles ou demi-bouteilles, a droit, *s'il en fait la demande* :

1° à 50 °/₀ de remise, emballage gratis ; — 2° 45 jours de terme ; — 3° une médaille d'encouragement en bronze doré ; — 4° une bouteille vide pour montre ; — 5° un Manuel de Santé.

Commission de 25 bouteilles à 15 francs.

Pour cette quantité représentée en bouteilles ou demi-bouteilles, tout pharmacien a droit, *s'il en exprime le désir* :

1° à la franchise du port et 50 °/₀ de remise ; — 2° à trois mois de terme ; — 3° à des lettres en cuivre formant le mot *Rob B.-Laffecteur* avec le mode d'application, une médaille, une bouteille vide et un Manuel de Santé.

Vente en gros de France et de l'Etranger.

Pour jouir de la faveur spéciale de la vente en gros, il faut acheter au comptant au moins 50 bouteilles entières ou 100 demi-bouteilles.

MANUEL DE SANTÉ.

Ou Dictionnaire de Médecine, d'Hygiène et de Pharmacie pratiques, par le Dr Giraudeau Saint-Gervais. Un volume grand in-18 raisin, édition compacte de 288 pages. — Prix : 60 cent. *(Cet ouvrage ne se délivre jamais gratis aux malades.)*

Sur les prix du Manuel de Santé, il sera accordé à tout pharmacien une remise de 33 °/₀.

Indépendamment de la Description des maladies, des 160 *Recettes* qui leur sont applicables, et du prix de pharmacie de ces formules, on trouve, à l'ordre alphabétique des articles spéciaux sur les matières suivantes: *Homœopathie, Hydrothérapie, Hygiène, Massage, Mariage, Nourrice, Mercure, Iodure, Gymnastique, Galvanisme, Electricité, Magnétisme animal, Cosmétiques, Asphyxies par l'eau, le charbon, les gaz, Empoisonnements par les champignons, l'arsenic, etc., Camphre, Méthode Raspail.*

S'ADRESSER :

AU Dr GIRAUDEAU SAINT-GERVAIS,

12, RUE RICHER, A PARIS.

Imprimerie de W. REMQUET, rue Garancière, 5.

N. B. Après la discussion à laquelle je me suis livré plus haut, M. Giraudeau ne peut guère se faire d'illusion : le privilége du Rob étant tombé dans le domaine public, il s'ensuit la résiliation probable et imminente du soi-disant marché conclu avec le ministre de la marine, sur la foi d'un monopole qui se trouverait ne pas exister.

D'un autre côté, l'administration pourra, sans doute, continuer sa tolérance ; mais désormais mieux informée, elle ne *peut* plus et ne *doit* plus continuer de faire à M. Giraudeau, s'il n'est pas pharmacien, l'application du décret du 25 prairial an XIII ; M. Giraudeau devra donc cesser personnellement la vente de son médicament ; la question est sortie du domaine de la protestation scientifique restée sans écho pour entrer dans celui des tribunaux ; il faut de toute nécessité qu'elle aboutisse.

Que M. Giraudeau se résigne enfin, et qu'il prépare son action en garantie, s'il a acheté et payé si cher ce qui n'était plus susceptible d'être vendu.

M. Giraudeau ne peut-il pas se retremper d'ailleurs dans la littérature, et se consoler des rigueurs de Thémis désormais prévues et inévitables ; quoi qu'il en puisse coûter à sa modestie, je ne puis, en effet, taire au public qu'il fut le commentateur fécond d'un poème en trois chants, de Barthélemy, intitulé : *La Syphilis*.

J'ai entre les mains un exemplaire de cet opuscule dans lequel, malgré la scabreuse difficulté du sujet, le poète de Marseille a su faire pénétrer les éminentes qualités qui le distinguent.

L'exemplaire que je possède s'annonce comme ayant été imprimé en 1848 ; mais le fait est que cette fantaisie de Barthélemy parut vers l'année 1842, à l'époque où, suivant acte de Me Dessaignes, notaire à Paris, M. Giraudeau Saint-Gervais recueillait la succession de Boyveau-Laffecteur ; c'est, du reste, ce que Barthélemy lui-même, en faisant l'*Histoire administrative du Rob*, se charge de nous annoncer en ces termes :

. . . . Il brille aux jours présents.
Après avoir passé par soixante-dix ans
Savamment gouverné *par la même doctrine*,
Pur dans ses éléments, comme à son origine,
En ce moment surtout que de nouvelles mains
A son antique essor ouvrent de nouveaux chemins.
. . . .

Le poëme est en trois chants consacrés : le premier à l'origine de la maladie; le deuxième à sa description; le troisième au remède longtemps cherché, mais enfin trouvé : *le Rob de Boyreau-Laffecteur.*

Mais, des nuages de la poésie qui ne peuvent s'assujettir au langage exact de la science, il fallait dégager la vérité et la faire apparaître en termes plus positifs; il fallait, à côté du poëme, son commentaire scientifique et pratique. C'est M. Giraudeau Saint-Gervais qui, « officieusement et par amitié pour Barthélemy, a » bien voulu se charger de cette tâche laborieuse, mais indispen- » sable, pour compléter cette œuvre d'utilité publique. »

M. Giraudeau s'est acquitté de cette tâche avec conscience, car sur cent soixante-douze pages que renferme l'édition que je possède, cinquante-sept pages sont consacrées à l'œuvre de Barthélemy : M. Giraudeau s'est chargé de remplir le reste en refaisant l'histoire en prose, du Rob, de sa naissance, de ses vertus et de ses succès.

Quelle félicité, quelle béatitude, ô mon Dieu! que de pouvoir allier ainsi le culte des belles-lettres au désintéressement noble et pur du propriétaire du Rob *Boyveau*.

A. P.

FIN.

TABLE DES MATIÈRES

PREMIÈRE PARTIE

DEUXIÈME PARTIE

DOCUMENTS DIVERS

Paris. — Typographie **BEAULÉ**, *10, rue Jacques de Brosse.*

PARIS. — TYPOGRAPHIE BEAULÉ, 10, RUE JACQUES DE BROSSE.

www.ingramcontent.com/pod-product-compliance
Ingram Content Group UK Ltd.
Pitfield, Milton Keynes, MK11 3LW, UK
UKHW020309220726
13923UKWH00003B/1047